FIFTH EDITION

Handbuch zur deutschen Grammatik

Arbeitsheft
Student Activities Manual

WORKBOOK

Aufgaben zur schriftlichen Kommunikation

Jamie Rankin, *Princeton University*

Aufgaben zur Struktur

E. Pauline Hubbell

LAB MANUAL

Aufgaben zum Hörverständnis

Jamie Rankin, *Princeton University*

HEINLE
CENGAGE Learning™

Australia • Brazil • Japan • Korea • Mexico • Singapore • Spain • United Kingdom • United States

HEINLE
CENGAGE Learning™

ISBN-13: 978-0-495-90594-3

ISBN-10: 0-495-90594-1

Heinle
20 Channel Center Street
Boston, MA 02210
USA

Cengage Learning products are represented in Canada by Nelson Education, Ltd.

For your course and learning solutions, visit **www.cengage.com**

Purchase any of our products at your local college store or at our preferred online store **www.CengageBrain.com**

Printed in the United States of America
2 3 4 5 6 7 14 13 12 11

Contents

LAB MANUAL

Aufgaben zum Hörverständnis

Introduction

This ***Student Activities Manual (SAM)*** carefully follows the sequence of the grammatical structures in each chapter of the ***Handbuch zur deutschen Grammatik,* Fifth Edition**, giving learners a foundation for utilizing these structures as a means for functional communication. It is divided into two sections: a workbook that focuses on writing skills, and a lab manual that develops listening comprehension. In the workbook section, there are **Aufgaben zur schriftlichen Kommunikation** that lead learners through process-writing steps, with the goal of open-ended, personally meaningful writing. Following these are **Aufgaben zur Struktur,** a series of controlled exercises designed to reinforce the major grammar points in each chapter. The lab manual provides **Aufgaben zum Hörverständnis** based mainly on nonscripted, improvised scenarios created by native German speakers. Each of these sections is explained more fully below.

Aufgaben zur schriftlichen Kommunikation

Most of the writing activities are based on process-writing strategies in which students are led through various steps (*Schritte*)—brainstorming; organizing ideas; generating additional vocabulary; and forming sentences, paragraphs, or short essays. These strategies emphasize planning, which studies have shown foster increased complexity in writing output. In addition, the majority of these activities encourage students to express their own meanings within the guidelines provided; thus they bridge the gap between rule-learning and using those rules for effective, meaningful communication.

Aufgaben zur Struktur

The second portion of the workbook section provides learners with extensive and thorough practice of specific grammar points and vocabulary from the **Wortschatz** section of the textbook. The exercises follow the presentation of grammar and vocabulary, chapter by chapter, and offer a variety of practice formats: questions/answers, sentence completion, sentence transformation, translation, and responses to specific situations. Where possible, the exercises have been contextualized to furnish not only a meaningful framework for practice, but also additional cultural information.

When appropriate, a single grammar point is practiced from various angles in consecutive exercises with a concluding exercise requiring students to synthesize knowledge gained in preceding exercises. The chapter on adjective endings, for example, practices the strong and weak endings individually, in various contexts, before asking learners to combine these in the more natural combinations one finds in real speech and writing.

An Answer Key to the **Aufgaben zur Struktur** can be provided to learners (at the discretion of the instructor) so that they can correct their own work. In the Answer Key, alternate answers are designated by slashes, with the preferred answers preceding other possible answers. Optional words are enclosed in parentheses. In determining possible answers to be included in the key, particularly in matters of word order, the rules and guidelines presented in ***Handbuch zur deutschen Grammatik,* Fifth Edition,** were followed.

Aufgaben zum Hörverständnis

The **SAM audio program** that accompanies the lab manual section of the ***Student Activities Manual*** departs from traditional audio programs by providing, in most cases, unscripted native-speaker discourse in a wide array of communicative situations. The scenarios presented here are conversations and group

discussions for which selected parameters were provided for the speakers—such as salient vocabulary, pertinent grammatical features, and topics of general interest. Within these parameters, however, the speakers were free to improvise and to develop the discourse naturally—which results in scenes rich in natural intonation, the normal overlapping and cutting in that characterizes real dialogue, and (we hope) enough humor and genuine personality to sustain listener interest.

Since the activities in the lab manual are mainly comprehension-based, they do not require learners to understand every word. Instead, they focus on global meaning, listening for key words or phrases, identifying situations and register, answering comprehension questions, summarizing plots, and determining the usage of significant grammatical structures. Students are instructed to listen a certain number of times to each conversation in the course of the tasks, but they should be encouraged to listen as often as they want, to go back and pick up bits of speech they missed, and to note the rhythms and cadences of intonation used by the speakers.

The **SAM Audio Program** is available in .mp3 format on the Premium Website www.cengage.com/german/handbuch.

Jamie Rankin
E. Pauline Hubbell

WORKBOOK

Aufgaben zur schriftlichen Kommunikation

NAME ______________________ DATUM ______________

1

Ferienbericht

Schreiben Sie einen kurzen Aufsatz zum Thema **Ferien** – aber in Schritten *(steps)*, damit Sie den Schreibprozess in einer Fremdsprache üben *(practice)* können.

Schritt 1: Schreiben Sie unter Liste **A** einige Stichworte zu Ihren letzten Ferien (z.B.: **Freizeit, arbeiten, langweilig, reisen, interessant, Familie, zu Hause, nicht zu Hause, online, Wetter, Freunde**). Schreiben Sie dann unter Liste **B** ein oder zwei Wörter, die etwas mit jedem Wort aus Liste **A** zu tun haben (z.B.: **Freizeit – aus·schlafen** *(to sleep in)*, **texten, lesen; arbeiten – Ferienjob, Praktikum, verdienen, interessant; reisen – mit Familie, mit Freunden, nach …**).

	A	B
1.	______________	______________
2.	______________	______________
3.	______________	______________
4.	______________	______________
5.	______________	______________

Schritt 2: Schreiben Sie jetzt für jede Wortgruppe einen Satz.

1. ______________________________

2. ______________________________

3. ______________________________

4. ______________________________

5. ______________________________

Schritt 3: Sie haben es ja im ***Handbuch*** gelesen: Wenn man gutes Deutsch schreiben will, sollten nicht alle Sätze mit dem Subjekt beginnen. Lesen Sie Ihre Sätze durch und unterstreichen Sie in ein paar Sätzen Elemente, die am Anfang stehen könnten, besonders Zeitausdrücke und Adverbien. Schreiben Sie dann die Sätze hier unten in einem Abschnitt *(paragraph)*. Welche Reihenfolge *(order)* präsentiert die Informationen am besten? Brauchen Sie vielleicht hier und da einen neuen Satz als Übergang *(transition)* von einem Satz zum nächsten?

NAME ______________________ DATUM ______________

2

In meiner Freizeit ...

So lernen Sie jemand in Ihrer Deutschstunde besser kennen: Führen Sie ein Interview als Hausaufgabe.

Schritt 1: Benutzen Sie diese Liste von Freizeitbeschäftigungen und fragen Sie eine Partnerin/einen Partner, ob sie/er das gern macht oder nicht. Kreuzen Sie die Beschäftigungen an, die sie/ihn interessieren.

____ Sport treiben	____ Bücher lesen	____ Musik hören
____ ein Instrument spielen	____ kochen/backen	____ ein·kaufen gehen
____ Fitnesstraining machen	____ fotografieren	____ Rad fahren
____ bei Facebook surfen	____ ins Kino gehen	____ Videospiele spielen
____ tanzen	____ fern·sehen	____ Karten spielen
____ chatten/texten	____ spazieren gehen	____ Schläfchen machen

____ anderes: ______________________________

Schritt 2: Wählen Sie *(choose)* fünf angekreuzte Antworten und fragen Sie Ihre Partnerin/Ihren Partner nach ihren/seinen Freizeitbeschäftigungen, z.B.: **Wie oft tust du das? Spielst du gut? Wann hast du damit angefangen?** Schreiben Sie die Informationen für jedes Stichwort *(key word)* in kurzen Sätzen.

Stichwort	Informationen
1. ____________	____________________
	____________________
2. ____________	____________________
	____________________
3. ____________	____________________
	____________________
4. ____________	____________________
	____________________
5. ____________	____________________
	____________________

Schritt 3: Nun haben Sie die Elemente für einen kurzen Aufsatz. Nehmen Sie Ihre Sätze aus **Schritt 2** und planen Sie, wie Sie diese Sätze zusammenbauen können. Welche Konjunktionen brauchen Sie, um die Sätze miteinander zu verbinden? Wie können Sie **gern** und **gefallen** verwenden? Mit welchen Elementen können Sie die Sätze beginnen? Was ist eine sinnvolle Reihenfolge? Schreiben Sie den Aufsatz hier und lassen Sie Ihre Partnerin/Ihren Partner den Aufsatz lesen, bevor Sie ihn abgeben.

Eine Kurz-Biografie

Bei einer Aufgabe in der Anwendung zu diesem Kapitel stehen ein paar Aussagen über Sigmund Freud, mit denen man biographische Informationen (im Perfekt) geben soll. Sicher kennen Sie viele andere Menschen, über deren Leben Sie auf ähnliche *(similar)* Weise erzählen könnten.

Schritt 1: Wählen Sie eine solche Person, Mann oder Frau, und schreiben Sie mindestens zehn Aussagen über diesen Menschen im Perfekt. Die Identität dieses Mannes/dieser Frau soll ein Geheimnis *(secret)* bleiben – also schreiben Sie nicht den Namen, sondern **sie** oder **er** oder **diese Frau/dieser Mann.**

Hier sind einige nützliche Verben (die starken Verben sind mit einem Sternchen* markiert; die Partizipien dafür finden Sie in *Appendix 3* des ***Handbuchs***).

arbeiten	***helfen**	**malen**	**spielen**
***auf·wachsen** *(to grow up)*	**ist geboren**	**organisieren**	***sprechen**
entdecken *(to discover)*	**kämpfen**	**regieren** *(to rule)*	***sterben**
***erfinden** *(to invent)*	**komponieren**	**reisen**	***werden**
gründen *(to found)*	**leben**	***schreiben**	**wohnen**

1. ______________________________
2. ______________________________
3. ______________________________
4. ______________________________
5. ______________________________
6. ______________________________
7. ______________________________
8. ______________________________
9. ______________________________
10. ______________________________

Schritt 2: Wie macht man aus solchen einzelnen *(single, individual)* Aussagen einen Aufsatz? Etwas Wichtiges dabei ist das Kombinieren: Man nimmt zwei oder drei kurze Aussagen und kombiniert sie mit Konjunktionen, um längere und komplexere Aussagen zu bilden.

BEISPIEL Sagen wir mal, Sie haben folgende zwei Aussagen geschrieben: *Sie ist in Deutschland aufgewachsen* und *Sie hat berühmte Filme in Hollywood gemacht.*

Sie schreiben: ***Obwohl*** *sie in Deutschland aufgewachsen ist, hat sie in Hollywood berühmte Filme gemacht.*

Kombinieren Sie jetzt ein paar von Ihren Aussagen in **Schritt 1** miteinander, sodass ein längerer Satz daraus entsteht.

1. ______________________________

____

2. ______________________________

____

Schritt 3: Schreiben Sie jetzt einen kurzen Aufsatz über diesen Menschen, indem Sie die Sätze aus **Schritt 2** und noch mehr kombinierte Aussagen aus **Schritt 1** benutzen. Vergessen Sie nicht, die Sätze manchmal mit einem anderen Element als dem Subjekt zu beginnen.

____

____

____

____

____

____

____

____

____

____

____

____

____

____

____

____

____

____

____

____

Lesen Sie nun Ihren Aufsatz einer Partnerin/einem Partner vor und sehen Sie, ob sie/er den Namen des beschriebenen Menschen erraten *(guess)* kann.

NAME ______________________ DATUM ______________

4

Kurzantworten

Lesen Sie diese Fragen und beantworten Sie jede mit einem ganzen Satz. Denken Sie darüber nach, ob der Satz einen Artikel braucht oder nicht.

1. Was halten Sie vom Kommunismus/Sozialismus/Kapitalismus? Wählen Sie eins der drei Themen oder besprechen Sie einen anderen **-ismus.**

____

____

____

2. Vergleichen Sie zwei Jahreszeiten *(seasons of the year)* dort, wo Sie aufgewachsen sind.

____

____

____

3. Wie fahren Sie von der Uni nach Hause, wenn es Semesterpause gibt?

____

____

____

4. Machen Sie Aussagen über drei der folgenden Länder: der Iran, der Irak, die Schweiz, die Türkei, die Vereinigten Staaten.

____

____

____

5. Was für ein Instrument können Sie spielen? Welches möchten Sie spielen?

____

____

____

Meine Freunde

Schreiben Sie nun etwas über zwei Ihrer Freunde, das heißt, über eine Freundin und einen Freund und über **ihre** und **seine** Eigenschaften *(characteristics)*.

Schritt 1: Lesen Sie sich die Kategorien unten durch und wählen Sie vier davon aus. Machen Sie sich ein paar Notizen über **sie** und über **ihn.**

	sie	**er**
Familie		
Zimmer/Wohnung		
Kleidung		
Hobbys/Interessen		
Lieblingsfilme, -bücher usw.		
Hauptfach, andere Fächer		

Schritt 2: Benutzen Sie Ihre Notizen aus **Schritt 1** und schreiben Sie einen kurzen Abschnitt, in dem Sie Ihre Freundin und Ihren Freund vergleichen. Verwenden Sie dabei die Possessivpronomen **(ihr-, sein-)** so oft wie möglich. Sie brauchen nur einen Satz pro Kategorie zu schreiben.

Es war einmal ...

Sie kennen bestimmt ein paar Märchen *(fairy tales)* – aber haben Sie schon mal selber eins geschrieben? Hier finden Sie alles, was Sie dafür brauchen. Benutzen Sie so viele Vokabeln von der Liste, wie Sie können, und auch andere Vokabeln, die Sie interessant finden, und erzählen Sie Ihre eigene Geschichte. (Denken Sie dabei an Akkusativ- und Dativobjekte, sowie Dativverben. Die Verbformen fürs Präteritum finden Sie in *Appendix 3* im ***Handbuch***).

der Frosch *(frog)*	**antworten**
das Gift *(poison)*	**bringen**
das Gold	**empfehlen**
die Hexe *(witch)*	**erklären**
die Hütte *(hut)*	**erzählen**
das Pferd *(horse)*	**geben**
der Prinz	**gefallen**
die Prinzessin	**glauben**
das Reh *(deer)*	**helfen**
das Schloss *(castle)*	**küssen** *(to kiss)*
das Spinnrad *(spinning wheel)*	**leihen**
das Versprechen *(promise)*	**schenken**
der Vogel *(bird)*	**verwandeln** [+ Akkusativobjekt] *(to change)*
der Wald *(forest)*	**wohnen**
der Zwerg *(dwarf)*	**zeigen**

Schritt 1: Beginnen Sie mit „Skelettsätzen". Benutzen Sie nur die wichtigsten Vokabeln für eine Idee und schreiben Sie diese Wörter auf. Später können Sie einen ganzen Satz daraus machen.

BEISPIEL Zwerg / geben / Prinzessin / Frosch
Sie schreiben später: *Der Zwerg gab der Prinzessin einen Frosch.*

Idee: ______________________________

Idee: ______________________________

Idee: ______________________________

Idee: ______________________________

Idee: ______________________________

Idee: ______________________________

Idee: ______________________________

Idee: ______________________________

Schritt 2: Ordnen Sie *(Put in order)* diese Ideen, damit sie eine logische Handlung *(plot)* beschreiben. Denken Sie an noch mehr Ideen, die diese Ideen verbinden *(tie together)* können, und schreiben Sie jetzt Ihr eigenes Märchen.

Titel: ______________________________

NAME ______________________ DATUM ______________

6

Semesterstress

Wenn man über sich selbst oder seine Arbeit spricht, will man oft Informationen geben, die am besten mit Präpositionen auszudrücken sind.

Ich arbeite an diesem Aufsatz seit …
Ich interessiere mich überhaupt nicht für …
Ich belege diesen Kurs wegen …

Schritt 1: Lesen Sie die Liste mit Präpositionen und benutzen Sie sie, um kurze Aussagen über sich selbst zu schreiben.

BEISPIEL bis: *bis Ende des Semesters*

bis: ______________________

für: ______________________

gegen: ______________________

ohne: ______________________

aus: ______________________

außer: ______________________

während: ______________________

bei: ______________________

gegenüber: ______________________

mit: ______________________

nach: ______________________

seit: ______________________

zu: ______________________

wegen: ______________________

Schritt 2: Schreiben Sie einen kurzen Abschnitt, in dem Sie mindestens acht von diesen präpositionalen Ausdrücken benutzen.

Alles besser mit Präpositionen

Wie Sie im ***Handbuch*** in **Tipps zum Schreiben** gelesen haben, können Sie Ihre Sätze mit Präpositionen interessanter und informativer machen. Manche Sätze brauchen das, wie Sie hier sehen:

Ein Mann öffnete die Tür. Es war ein Restaurant. Er ging hinein.

Aber mit Präpositionen *(und ein bisschen Fantasie!)*:

Ein Mann mit einer roten Rose zwischen den Zähnen öffnete die Tür zum Restaurant und ging hinein.

Lesen Sie nun den folgenden Text ganz durch und verbessern Sie ihn mit Ihrer Fantasie und einigen Präpositions-Phrasen. Versuchen Sie dabei auch Wechselpräpositionen *(two-way prepositions)* wie **an** und **auf** zu verwenden. Den Schluss müssen Sie sich selber ausdenken!

Der Mann wartete auf den Kellner. Der Kellner zeigte ihm einen Tisch. Der Mann setzte sich. Dann kam eine Frau durch die Tür. Sie trug einen Hut. Der Kellner kam nicht. Sie sah den Mann und wollte dort sitzen. Sie setzte sich. Der Mann aß seine Suppe. Während die Frau sich setzte, fiel der Hut auf den Tisch. Der Kellner sah sie endlich und brachte ihr eine Speisekarte. Sie bestellte auch eine Suppe. Während sie wartete, begann sie zu sprechen ...

Zum Thema Verneinung: Eine formelle Beschwerde *(complaint)*

Sie waren letzte Woche auf einer Reise in Deutschland und haben in einem Hotel übernachtet. Aber was für ein Hotel! So was Schlechtes haben Sie noch nie erlebt. *Nichts* war gut, weder der Service noch das Zimmer. Sie möchten sich über diese furchtbare Nacht beschweren *(complain)*. Tun Sie das in Form eines formellen Briefes (siehe *Appendix 1* im ***Handbuch***), den Sie gleich hier schreiben und in dem Sie alles beschreiben, was Ihnen im Hotel nicht gefallen hat.

Stichworte

das Bad
das Bett
die Dusche
das Essen
der Fernseher
das Gepäck
die Getränke
die Heizung *(heat)*
die Klimaanlage *(A/C)*
der Nachbar (die Nachbarn)
die Nachbarin(nen)
das Personal
die Rechnung
das Restaurant
die Rezeption
die Schlüssel
die Stühle
das Telefon
der Teppich
die Toilette
(un)bequem

Schritt 1: Nehmen Sie 5–6 von den Stichworten und überlegen Sie sich, worüber man sich beschweren könnte. Schreiben Sie dann ein paar Notizen zu jedem Stichwort, das Sie für Ihre Beschwerde genommen haben.

BEISPIELE: Bad: *sehr schmutzig, kein heißes Wasser*
Personal: *unfreundlich, ungeduldig, nicht hilfreich*

____

____

____

Schritt 2: Überlegen Sie sich, welche Vokabeln aus dem **Wortschatz** von Kapitel 7 zu den Stichworten unter **Schritt 1** passen würden, und schreiben Sie für jedes Stichwort einen kurzen Satz damit.

BEISPIELE: Bad: *Das Bad war **gar nicht** sauber.*
*Es gab **überhaupt kein** heißes Wasser.*

____

____

____

Schritt 3: Nehmen Sie jetzt Ihre Ideen bei **Schritt 1** und **2** und schreiben Sie einen formellen Brief, der Ihre Beschwerden detailliert ausdrückt. Verwenden Sie dabei so viele Vokabeln aus dem **Wortschatz**, wie Sie können.

An
Herrn Otto Schmutzkammer
Hotel Friesischer Hof
Am Schornstein 13
80333 München

Sehr geehrter Herr Schmutzkammer!

Mit freundlichen Grüßen

Eine Mini-Autobiografie

A. Ergänzen Sie diese Sätze mit Aussagen über Ihr eigenes Leben. Benutzen Sie Verben im Präteritum.

BEISPIEL Als ich ein Jahr alt war, ...
schlief ich fast den ganzen Tag.
wollte ich immer essen.

1. Als ich fünf Jahre alt war, ...

2. Als ich zum ersten Mal in die Schule ging, ...

3. In den Sommerferien ...

4. Als ich 16 Jahre alt wurde, ...

5. Als ich mit meinen Schulkameraden zusammen war, ...

B. Schreiben Sie jetzt etwas Längeres über einen einzigen Tag – z.B. **gestern** oder **letzten Samstag.**

Schritt 1: Denken Sie an den Tag zurück und schreiben Sie eine Liste mit Ihren Aktivitäten. Benutzen Sie Infinitivverben.

auf·stehen __________ __________

sich duschen __________ __________

__________ __________ __________

Schritt 2: Kombinieren Sie zwei dieser Verben in einem Satz. Verwenden Sie **nachdem,** das Plusquamperfekt und das Präteritum.

BEISPIEL aufstehen / duschen
Nachdem ich aufgestanden war, duschte ich mich.

Schritt 3: Erzählen Sie chronologisch von diesem Tag, indem Sie mindestens acht von den Verben in **Schritt 1** und zwei oder drei Beispiele davon im Plusquamperfekt (wie oben in **Schritt 2**) verwenden. Vergessen Sie nicht, die Satzanfänge zu variieren.

Das durfte, konnte, wollte ich ...

A. Durften Sie als Kind alles am Computer machen, was Sie wollten? Durften Sie solange fernsehen, wie Sie wollten? Oder solange aufbleiben, wie Sie wollten, bevor Sie ins Bett mussten? Erzählen Sie nun ein bisschen aus Ihrer Kindheit, indem Sie beschreiben, was Sie tun oder nicht tun durften, konnten, mussten, sollten oder wollten. Denken Sie dabei ans Essen, an die Schule, an Ihre Ferien mit der Familie, an Ihre Freunde und an das Leben zu Hause.

Schritt 1: Was fällt Ihnen ein *(occurs to you)* zu diesen Themen? Schreiben Sie zu jeder der folgenden Wortverbindungen mit Modalverben einige Stichworte auf.

konnte besonders gut: ______________________

konnte nicht so gut: ______________________

wollte überhaupt nicht: ______________________

durfte gar nicht: ______________________

musste [jede Woche/manchmal]: ______________________

wollte, aber durfte/konnte nicht: ______________________

durfte, aber konnte/wollte nicht: ______________________

sollte, aber wollte nicht: ______________________

Schritt 2: Bilden Sie jetzt mit den Elementen aus **Schritt 1** einfache Sätze, z.B.: **Ich musste immer Gemüse essen.**

1. ______________________
2. ______________________
3. ______________________
4. ______________________
5. ______________________
6. ______________________

Schritt 3: Bilden Sie mit diesen kurzen Sätzen längere Sätze, indem Sie sie miteinander verbinden *(combine)*, z.B.: *Ich musste immer Gemüse essen, bevor ich einen Nachtisch essen durfte.*

Einige nützliche Konjunktionen sind: **obwohl, weil, aber, nicht ... sondern, als** und **wenn**. Sie dürfen diesen Modalsätzen auch andere Informationen hinzufügen *(add)*.

1. ______________________________

____

2. ______________________________

____

3. ______________________________

____

4. ______________________________

____

5. ______________________________

____

B. Im **Wortschatz** von diesem Kapitel finden Sie nützliche Ausdrücke für *to like*. Schreiben Sie ein paar Sätze mit diesen Vokabeln und erzählen Sie, was Ihnen gefällt oder nicht gefällt.

Vokabeln

gern haben	**Lust haben auf**
gefallen	**Lust haben zu**
gern tun	**mögen/möchte**
lieben	**hätte(n) gern**

1. ______________________________

____

2. ______________________________

____

3. ______________________________

____

4. ______________________________

____

5. ______________________________

____

Ich habe mich entschieden ...

Haben Sie je eine E-Mail, einen Brief oder sonst eine Nachricht bekommen, in der jemand Ihnen eine überraschende *(surprising)* Entscheidung mitgeteilt hat? Schreiben Sie jetzt selbst so eine Mitteilung! Zum Beispiel schreiben Sie Ihren Eltern, dass Sie alles aufgeben wollen, um beim Zirkus als Clown zu arbeiten; oder schreiben Sie einem Freund, dass Sie morgen losziehen, weil Sie die Welt umsegeln *(sail)* wollen ...

Schritt 1: Schreiben Sie ein paar Ideen für Ihre überraschende Entscheidung, und entscheiden Sie, an wen Sie darüber schreiben wollen.

Ideen: ____________________

____

____

An wen schreiben Sie? ____________________

Schritt 2: Welche Reflexivverben aus Kapitel 10, wie zum Beispiel **sich entscheiden**, können Sie in Ihrem Brief verwenden? Wählen Sie aus der folgenden Liste mindestens fünf passende Verben aus.

_____ sich amüsieren	_____ sich aus·ruhen	_____ sich beeilen
_____ sich etwas leisten	_____ sich entschuldigen	_____ sich erholen
_____ sich [wohl] fühlen	_____ sich langweilen	_____ sich um·sehen
_____ sich an·ziehen	_____ sich etwas aus·suchen	_____ sich entscheiden
_____ sich etwas wünschen	_____ sich etwas überlegen	_____ sich benehmen
_____ sich etwas an·sehen	_____ sich etwas kaufen	_____ sich erkälten

Notieren Sie jetzt fünf weitere Reflexivverben mit Präpositionen aus Kapitel 10, wie zum Beispiel **sich interessieren + für.**

1. ____________________
2. ____________________
3. ____________________
4. ____________________
5. ____________________

Schritt 3: Schreiben Sie ein paar einzelne *(single)* Sätze mit den Verben, die Sie ausgewählt haben.

1. ______________________________
2. ______________________________
3. ______________________________
4. ______________________________
5. ______________________________

Schritt 4: Schreiben Sie jetzt die ganze Mitteilung und verwenden Sie diese Reflexivverben. Versuchen Sie die Verben miteinander zu kombinieren. (Tipps zum Format der Mitteilung finden Sie in *Appendix 1* im ***Handbuch.***)

Liebe(r) ____________________!/Hallo ____________________!

Ich komme am besten gleich zur Sache. Ich habe mich nämlich entschieden, ____________________

Viele Grüße

____

Die Entschuldigung

Lesen Sie zuerst das ganze Gespräch und dann ergänzen Sie dann *(complete)* die Sätze mit Infinitivgruppen, Infinitiven oder konjugierten Verben, je nachdem, was im Kontext passt.

BEISPIEL Ich hatte vor, …
Ich hatte vor, *an meinem Aufsatz* ***zu arbeiten****, aber stattdessen sah ich den ganzen Abend fern.*

LEA: Grüß dich, Felix!

FELIX: Guten Morgen, Lea! Ich dachte, du wolltest gestern Abend mit auf die Party!

LEA: Tja, das wollte ich schon, aber ich hatte Max vorher versprochen, ______________________________

____.

FELIX: Ach so! Naja, das ist schon wichtig.

LEA: Ja, und danach fing ich an, ____

____.

FELIX: Und was machte Max, als alles fertig war?

LEA: Er ging nach Hause, glaube ich.

FELIX: O nein, das habe ich kommen sehen …

LEA: Wieso denn? Was meinst du damit?

FELIX: Tja, Max war dann nämlich auch noch auf der Party, und zwar …

LEA: Meinst du, er machte das anstatt ____________________ zu ____________________?

FELIX: Genau, ich habe ihn dort ____________________ sehen.

LEA: Sag' bloß! Mir hat er gesagt, er wollte ______________________________________.

FELIX: Später habe ich ihn ________________ hören, aber ich wollte doch nicht ________________

____.

LEA: Aber meinst du, dass er ____?

FELIX: Naja, vielleicht hat er gedacht, dass ______________________________________.

LEA: Hör doch auf! Das sagst du nur, weil ______________________________________.

FELIX: Vielleicht machte er das, um ____________________ zu ____________________.

LEA: Das geht doch nicht!! Er sagt immer, er will nicht, dass ich ______________________________

______________________________.

FELIX: Tja, ich weiß nur, dass ______________________________.

LEA: Also, eins weiß ich jetzt: ich lasse ihn nie wieder ______________________________

______________________________!

Es macht (keinen) Spaß zu ...

Schreiben Sie einen freien Aufsatz zu dem (fast) freien Titel, den Sie hier sehen. In dem Aufsatz sollen Sie Beispiele von diesen Konstruktionen geben: **um ... zu, anstatt ... zu** und **ohne ... zu.** Ergänzen Sie den Titel, überlegen Sie sich ein paar Minuten, was Sie darüber sagen wollen, und fangen Sie dann an zu schreiben.

Es macht mir (keinen) Spaß, ______________________ zu ______________________

NAME ______________________ DATUM ______________

12

Was wird gerade gemacht?

Es ist Samstagabend und die Leute auf Ihrem Campus machen alles Mögliche *(all sorts of things)* – einige gehen tanzen, einige lernen, einige spielen Karten. Solche Aktivitäten lassen sich gut mit dem Passiv ausdrücken.

Schritt 1: In der Liste unten finden Sie Ideen für die Aktivitäten. Wählen Sie einige davon aus, oder nehmen Sie einige Ihrer eigenen Ideen, und bilden Sie damit fünf Aussagen. Beginnen Sie jede Aussage mit: **„Einige Leute ...“** und ergänzen Sie die Aussagen mit passenden Informationen.

BEISPIEL Basketball, spielen: *Einige Leute spielen Basketball.*

Ideen

arbeiten	**lesen**	**Bibliothek**	**Kaffee**	**Sporthalle**
essen	**sehen**	**Bier**	**Kino**	**Theater**
gehen	**spielen**	**Billard**	**Pizza**	**Tischtennis**
lernen	**trinken**	**Freunde**	**Restaurant**	**Videospiele**

1. ______________________
2. ______________________
3. ______________________
4. ______________________
5. ______________________

Schritt 2: Lesen Sie Ihre Sätze durch und unterstreichen Sie *(underline)* jedes Substantiv, das als Direktobjekt dient. Diese Wörter werden dann die Subjekte, wenn Sie die Aussagen im Passiv schreiben. Sätze, die kein Direktobjekt haben, können vielleicht mit **es** begonnen werden (siehe 12.1.B im ***Handbuch***). Schreiben Sie nun Ihre Aussagen von **Schritt 1** im Passiv.

BEISPIEL *Basketball **wird** in der Sporthalle **gespielt.** / In der Sporthalle **wird** Tischtennis **gespielt.***

1. ______________________
2. ______________________
3. ______________________
4. ______________________
5. ______________________

Wie kann das verbessert werden?

Vielleicht ist Ihre Universität oder Schule schon perfekt – aber wahrscheinlich nicht. Was könnte verändert oder verbessert werden?

Schritt 1: Wählen Sie einige Wörter aus der Liste aus und schreiben Sie sechs Ideen auf. Beginnen Sie jeden Vorschlag mit: **„Man sollte …"** oder **„Man könnte …"**

BEISPIEL ***Man sollte*** *eine neue Bibliothek bauen.*

die Bibliothek, -en
die Buchhandlung, -en
die Kunst
der Kurs, -e/die Vorlesung, -en
die Mensa *(cafeteria)*, **Mensen**
der Parkplatz, -plätze
die Sporthalle, -n
die Straße, -n
das Studentenwohnheim, -e
das Studentenzentrum

ab·reißen/abgerissen *(tear down)*
an·bieten/angeboten *(offer)*
auf·machen/aufgemacht *(to open up)*
bauen/gebaut *(to build)*
beginnen/begonnen
installieren/installiert
renovieren/renoviert
restaurieren/restauriert
schließen/geschlossen *(to close)*

1. ______________________________
2. ______________________________
3. ______________________________
4. ______________________________
5. ______________________________
6. ______________________________

Schritt 2: Auch in diesen Sätzen werden die Aktivitäten betont *(emphasized)* und nicht das Subjekt; also braucht man auch hier das Passiv, aber diesmal mit Modalverben. Schreiben Sie nun Ihre Ideen im Passiv.

BEISPIEL *Eine neue Bibliothek* ***sollte gebaut werden.***

1. ______________________________
2. ______________________________
3. ______________________________
4. ______________________________
5. ______________________________
6. ______________________________

NAME ______________________________ DATUM ______________

13

Mensch, das war … !

Wie Sie im ***Handbuch*** gelesen haben, geben Adjektive einem Text Farbe und Intensität. Darum sind sie besonders wichtig, wenn Sie über etwas sehr Positives oder Negatives schreiben wollen. Wählen Sie nun eine Situation, die Sie persönlich erlebt *(experienced)* haben – sehr gut oder sehr schlecht – und über die Sie einen kurzen Aufsatz schreiben können.

Ideen

(der) Ausflug *(trip, excursion)* **mit Freunden**
(der) Besuch in einer Stadt
(das) Bewerbungsgespräch *(job interview)*
(die) Familienreise
(der) Ferienjob *(summer job)*
(das) Konzert
(die) Party
(die) Prüfung
(das) Rendezvous *(date)*
(das) Sportereignis *(sports event)*

Schritt 1: Welche Substantive sind besonders wichtig, wenn Sie jemandem von dieser Situation erzählen wollen? Schreiben Sie eine Liste mit mindestens zehn Substantiven und benutzen Sie die richtigen Artikel **(der/die/das)**.

____
____
____
____
____
____
____
____
____
____
____

Schritt 2: Für jedes Substantiv finden Sie ein Verb, das damit verbunden ist (z.B. **Musik → hören; Flugzeug → einsteigen**). Mit diesen Wortverbindungen (Substantiv + Verb) schreiben Sie nun einen kurzen Aufsatz zu Ihrem Thema – aber zuerst *ohne* Adjektive.

Schritt 3: Lesen Sie Ihren Aufsatz genau durch; korrigieren Sie alle Artikel, damit der Kasus *(case)* bei jedem Substantiv stimmt. Dann lesen Sie den Aufsatz nochmals durch und überlegen Sie sich, welche Adjektive zu jedem Substantiv passen (z.B.: **Musik → laut, aggressiv; Flugzeug → alt, klein**). Schreiben Sie diese Adjektive über den Text in **Schritt 2** (ohne Endung). Dann schreiben Sie den Aufsatz noch einmal, indem Sie die besten Adjektive verwenden – mit den richtigen Endungen.

Titel: ______________________________

NAME ____________________ DATUM ____________________

14

Es war ein merkwürdiges Erlebnis ...

Hier haben Sie Gelegenheit, den Aufsatz von Kapitel 13 mit noch mehr Details zu ergänzen. (Wenn Sie den Aufsatz für Kapitel 13 noch nicht geschrieben haben, machen Sie mindestens **Schritt 1** und **Schritt 2** davon, bevor Sie hier weitermachen.)

Schritt 1: Lesen Sie Ihre Stichworte noch einmal durch, und überlegen Sie, wo Sie präziser sagen könnten, **wann** etwas geschehen ist, oder **wo**, oder **wie**, **mit wem** usw. Schreiben Sie mindestens vier von Ihren originellen Stichworten mit diesen Informationen um.

Schritt 2: Im **Wortschatz** von Kapitel 14 finden Sie nützliche Ausdrücke für die chronologische Sequenz einer Erzählung. Lesen Sie Ihre Stichworte in **Schritt 1** noch einmal durch und schreiben Sie hier einige Zeitadverbien aus dem **Wortschatz** auf, die die Sequenz der Ereignisse erklären.

Schritt 3: Ordnen Sie Ihre Aussagen mit den Adverbien, die Sie unter **Schritt 2** geschrieben haben, und schreiben Sie nun die ganze Erzählung. Verbinden Sie die Aussagen, wenn möglich, mit Konjunktionen. Dann lesen Sie den Aufsatz noch einmal durch, um zu prüfen, ob die Adjektivendungen von Kapitel 13 immer noch korrekt sind.

Titel: ____________________

NAME ____ DATUM ____________________

15

Vergleiche

A. Wählen Sie von den folgenden Kategorien eine aus, die Sie interessant finden und von der Sie drei Beispiele miteinander vergleichen können. Markieren Sie mit einem **X** die Kategorie, über die Sie schreiben möchten.

____ Autos	____ Freunde	____ Politiker
____ Berufe	____ Kurse	____ Professoren/Professorinnen
____ Bücher	____ Länder	____ Städte
____ Filme	____ Musikgruppen	____ Verwandte

Schritt 1: Schreiben Sie unter **A** eine Liste von Adjektiven, die Sie in Ihrem Vergleich verwenden können. Dann schreiben Sie unter **B** und **C** die entsprechenden *(corresponding)* Komparativ- und Superlativformen.

A	B	C
____________________	____________________	____________________
____________________	____________________	____________________
____________________	____________________	____________________
____________________	____________________	____________________
____________________	____________________	____________________
____________________	____________________	____________________

Schritt 2: Schreiben Sie jetzt Ihre Vergleiche in einem Aufsatz. Versuchen Sie dabei, Vergleiche mit dem Komparativ (**so … wie; ____-er als**) und auch mit dem Superlativ zu bilden. Bei einigen Sätzen sollten die Adjektive attributiv sein, das heißt, sie sollten vor dem Substantiv stehen.

____

____

____

____

____

____

B. Eine Freundin/ein Freund von Ihnen, die/der natürlich auch sehr gut Deutsch spricht, studiert an einer anderen Universität. Sie finden, dass es viel besser wäre, wenn sie/er an Ihrer Uni studieren würde. Schreiben Sie eine E-Mail und versuchen Sie sie/ihn zu überzeugen *(convince)*, das Ihre Uni wirklich besser ist. Machen Sie möglichst viele Vergleiche zwischen den beiden Unis und verwenden Sie dabei so viele Komparativ- und Superlativformen wie möglich.

Schritt 1: Welche Aspekte Ihrer Uni wollen Sie erwähnen? Schreiben Sie ein paar Ideen auf und einige Adjektive, die gut dazu passen.

Ideen	**Adjektive**
______________________________	______________________________
______________________________	______________________________
______________________________	______________________________
______________________________	______________________________

Schritt 2: Und jetzt die E-Mail:

Hallo, ______________________!

Ich weiß, du bist jetzt an der ______________________-Uni, aber ich finde, dass ______________________

____

____

____

____

____

____

____

____

____

____

____

____

____

____

____

Viele Grüße

____

NAME ______________________________ DATUM ______________

16

Eine in kurzer Zeit fertigzuschreibende Aufgabe!

Diese Geschichte handelt von einer Frau und einem Mann, die über ein Problem sprechen, das Sie erfinden. Wählen Sie zwei fiktive Personen aus der Liste, dann ergänzen Sie *(complete)* die Geschichte. Benutzen Sie die Personen für die Lücken nach den Artikeln, und schreiben Sie Verben und andere Elementen Ihrer Wahl *(choice)* in die anderen Lücken.

Personen

eine Arme/ein Armer	**eine Angestellte/ein Angestellter**
eine Reiche/ein Reicher	**eine Vorgesetzte/ein Vorgesetzter**
eine Verlobte/ein Verlobter	**eine Tote/ein Toter**
eine Reisende/ein Reisender	**eine Blinde/ein Blinder**

Zwei Leute kommen ins Restaurant, eine ______________ und ein ______________. Sie setzen sich und bestellen sich etwas zu trinken: ______________ für die ______________ und ______________ für den ______________. Dann fängt die ______________ an, mit dem ______________ zu sprechen. „Ich verstehe gar nicht, warum du immer ______________ willst“, sagt sie, „Ich?!“ fragt der ______________; „Du sagst immer, du willst ______________.“ „Ja, ja“, sagt sie, und dabei sieht sie dem ______________ direkt ins Auge; „aber gestern hast du mir erzählt, du wolltest ______________, und dann hast du ______________. Das verstehe ich nicht.“ Das ist dem ______________ zu viel. „Quatsch!!“ sagt er; „ich war den ganzen Tag ______________. *Du* wolltest ______________, aber ich wusste, dass ich ______________ sollte.“ Die Augen der ______________ werden groß. „Das ist mir ganz neu!“ sagt sie. „Aber wenn du meinst, dass wir ______________ sollten, dann finde ich, dass wir ______________ können.“ Dann hat der ______________ eine neue Idee: „Warum versuchen wir nicht, ______________? Die Antwort der ______________ ist kurz und klar: „Nur wenn du mir versprichst, ______________!“

Amtsdeutsch

Gestern waren Sie in der Vorlesung von Professor Nickerchen und am Ende hat er einige Ansagen *(announcements)* gemacht. Ein Freund von Ihnen war nicht dabei. Lesen Sie, was der Professor sagte, und übersetzen Sie dann für Ihren Freund dieses Amtsdeutsch in eine normal gesprochene Sprache.

Die heutigen Mitteilungen *(announcements)*

Erstens: Die letzten Freitag fälligen Aufsätze sind ab Mittwoch bei meiner Sekretärin abzuholen. Zweitens: Die am vorigen Dienstag angekündigte *(announced)* Vorlesung zum Thema „Kant und die Metaphysiker" fällt wegen der erst gestern geplanten Sitzung *(meeting)* der Studentenschaft aus. Drittens: Alle am Anfang des Semesters noch nicht immatrikulierten *(enrolled)* Studenten werden gebeten *(are asked)*, ins Sekretariat zu kommen, um dort die von der Buchhandlung bestellten Lehrtexte abzuholen. Und zum Schluss: die in der ersten Reihe schlafenden Studenten werden gebeten *(are asked)* aufzuwachen, damit sie ihre nächste Vorlesung nicht verpassen.

So würden Sie das Ihrem Freund Stück für Stück erzählen:

Drei kleine Aufgaben

A. Wie Sie im ***Handbuch*** gelesen haben, gibt es für alle Substantive Pronomen im entsprechenden Geschlecht *(corresponding gender)*, z.B.: **er** für **Tisch, sie** für **Lampe** usw. Schreiben Sie hier einen kurzen Abschnitt, in dem Sie einen Gegenstand *(object)* beschreiben; aber sagen Sie erst am Ende, was der Gegenstand ist. Das heißt, erst am Ende schreiben Sie das Substantiv; sonst verwenden Sie nur Pronomen dafür. Lesen Sie dann einer Partnerin/einem Partner die Beschreibung vor, damit sie/er raten kann, was der Gegenstand ist.

BEISPIEL Er liegt im Moment auf meinem Schreibtisch. Er hat nicht viel gekostet, aber ich brauche ihn oft. Er ist lang und gelb, und wenn ich ihn nicht finde, kann ich nicht schreiben. Manchmal ist er spitz, aber manchmal auch nicht.

Er = mein Bleistift.

____

____

____

____

____

____

____

____

____

____

____

____

____

____________________ = ____________________

B. Man kann **man** als Pronomen verwenden, wie dieser Satz zeigt. Wenn man länger schreibt, muss man aufpassen, dass man nicht **er** oder **du** dafür schreibt. Wie viele Aussagen können Sie zu dem Thema unten bilden, mit Beispielen für **man** im Nominativ oder mit Beispielen für die richtigen **ein**-Formen im Dativ und Akkusativ?

Thema: Wie wird man erfolgreich *(successful)* an einer Schule/Universität?

BEISPIEL *Man muss/sollte jeden Tag ...*
Wenn Lehrer/Professoren einem sehr viel Arbeit geben, dann ...
Wenn man meint, dass der Stress zu viel wird, dann darf man nicht ...
Man sollte immer aufpassen, wenn man ...

____

C. **Dasselbe oder das gleiche?** Haben Sie eine Zimmerkollegin/einen Zimmerkollegen (oder vielleicht eine Schwester/einen Bruder), mit dem Sie viel gemeinsam *(in common)* haben? Schreiben Sie ein paar Aussagen darüber – Kleidung, Interessen, Hobbys, Kurse, Freunde, Eltern, Probleme usw. – und verwenden Sie dabei die richtigen Formen von **dasselb-** oder **das gleich-**. Wenn Sie nicht viel gemeinsam haben, dann benutzen Sie diese Wörter mit **nicht** oder **nie** oder ähnlichen Wörtern, zum Beispiel: **Wir tragen nie dieselbe Kleidung.**

1. ____________________

2. ____________________

3. ____________________

4. ____________________

5. ____________________

NAME ______________________________ DATUM ______________

18

Das Quartett

Sie schreiben hier eine kleine Anekdote über vier Personen, die sich durch die Informationen in den Relativsätzen unterscheiden *(distinguish)*.

Schritt 1: Sie brauchen dafür vier Personen, die besondere Eigenschaften *(characteristics)* haben. Unten finden Sie ein paar Vorschläge und Platz für Ihre eigenen Ideen. Nehmen Sie die Eigenschaften von Liste B und schreiben Sie damit Relativsätze für die vier Personen.

Liste A: Personen

eine Frau
ein Mann
eine Frau
ein Mann

Liste B: Eigenschaften

spricht sehr langsam
trägt zwei große Ohrringe
Leute haben Angst vor ihr
kann nicht gut sehen

____

____

____

BEISPIEL *ein Mann, der in Marilyn Monroe verliebt ist*

1. ______________________________
2. ______________________________
3. ______________________________
4. ______________________________

Schritt 2: Unten finden Sie einige Vokabeln und Ideen für die Handlung *(action, plot)*. Bilden Sie ein paar Sätze – auch Relativesätze – mit diesen Elementen und mit Ihren eigenen Ideen.

Verben

böse sein + auf
finden/verlieren
geben/nehmen
gehen
ignorieren
kaufen
reisen + mit
sich interessieren + für
sich verlieben + in
sprechen + mit
töten
vergessen

Substantive

der Apparat *(device)*
das Gebäude *(building)*
das Medikament
das Spiel

Ideen

geht zurück in die Geschichte
macht einen verrückt
kostet 3 Millionen Euro
macht alle Leute nervös

____
____
____
____

1. ____
2. ____
3. ____
4. ____

Schritt 3: Beginnen Sie mit den Elementen, die Sie oben ausgearbeitet haben, und machen Sie daraus eine Geschichte. Die Logik der Handlung ist zweitrangig *(secondary)*, wichtig ist vor allem, dass Ihre Erzählung viele interessante Relativsätze hat!

BEISPIEL *Es war einmal eine Frau, die sich für Flugzeuge interessierte. Sie war in einen Mann verliebt, der nicht gut sehen konnte, und deshalb …*

____
____
____
____
____
____
____
____
____
____
____
____

NAME ______________________ DATUM ______________

19

Ein Interview

Sie sind Journalistin/Journalist für eine Schul- oder Uni-Zeitung und wollen eine Reportage über Ihre Deutschprofessorin/Ihren Deutschprofessor schreiben, um dem ganzen Campus diesen genialen Menschen vorzustellen. Was für Fragen würden Sie ihr/ihm stellen? Welche Information wäre für Ihre Leserschaft *(readership)* von Interesse? Lesen Sie die Anfänge der Fragen unten und ergänzen Sie sie mit passenden Vokabeln. Dann schreiben Sie einige Fragen selbst. Vielleicht lässt sich die Professorin/der Professor von jemand in Ihrer Gruppe tatsächlich *(actually)* interviewen!

1. Woher ______________________?
2. Seit wann ______________________?
3. Warum haben Sie ______________________?
4. Was halten Sie von ______________________?
5. Mit wem ______________________?
6. Wann haben Sie zum ersten Mal in Ihrem Leben ______________________ ______________________?
7. Worüber ______________________?
8. Wie oft in Ihrem Leben haben Sie ______________________?
9. Wohin ______________________?
10. Wen würden Sie gern ______________________?
11. ______________________?
12. ______________________?
13. ______________________?
14. ______________________?
15. ______________________?

Fragen, Fragen

Stellen Sie sich vor *(imagine)*, Sie müssen in fünf Minuten einen Test über den folgenden Text schreiben. Sie müssen also alle Details wissen, die für diesen Text wichtig sind. Aber leider ist nicht alles so gut zu verstehen; manches ist unklar, weil der Kontext fehlt *(is missing)* und auch, weil viele Pronomen benutzt werden. Welche Fragen stellen Sie, damit Sie die genauen Informationen dafür bekommen können?

BEISPIEL Sie lesen: „Dann hat Franz mit ihr darüber gesprochen."

Sie wollen also wissen: ***Mit wem** hat Franz gesprochen? **Worüber** haben die beiden gesprochen?*

Lesen Sie den ganzen Text langsam durch.

> Franz saß noch darin und während er auf ihn wartete, las er es noch einmal – aber er konnte es nicht glauben. Wie konnte sie ihm so was sagen? Er dachte lange darüber nach und wusste nicht, was er machen sollte. Auf einmal wurde ihm klar: er muss dorthin fahren, und zwar so schnell wie möglich. Aber würde sie noch auf die anderen warten? Würde sie es ihm noch einmal sagen? Er dachte wieder an ihre Worte, kurz bevor es passiert war: „Wenn du das machst, sehen wir uns nie wieder!"

Schreiben Sie jetzt mindestens acht Fragen, um herauszufinden, ***was*** oder ***wer*** gemeint ist. Beginnen Sie einige Fragen mit Präpositionen oder mit **wo-** (wie im Beispiel).

1. ______________________________
2. ______________________________
3. ______________________________
4. ______________________________
5. ______________________________
6. ______________________________
7. ______________________________
8. ______________________________

____

____

____

NAME ______________________________ DATUM ______________

20

Was ich dazu meine ...

Auf jedem Campus gibt es Gesprächsthemen, zu denen es viele Meinungen gibt, z.B. die steigenden Kosten des Studiums, die Rolle von Studentenverbindungen *(fraternities)*, Pflichtkurse *(required courses)*, Probleme mit Alkohol, die Spannung *(tension)* zwischen Forschung *(research)* und Lehren usw. Wählen Sie ein Thema, zu dem Sie Ihre Meinung sagen wollen.

Ihr Thema: ______________________________

Schritt 1: Welche Vokabeln fallen Ihnen zu diesem Thema ganz spontan ein *(occur to you)*? Schreiben Sie diese Stichworte auf.

______________________ ______________________

______________________ ______________________

______________________ ______________________

Schritt 2: Wählen Sie die fünf interessantesten Stichworte aus dieser Liste und versuchen Sie, noch mehr Vokabeln dazu zu finden. Schreiben Sie die fünf Stichworte auf und daneben die neuen Vokabeln, die etwas damit zu tun haben.

Stichworte	Vokabeln
1. ______________________:	______________________
	______________________
2. ______________________:	______________________
	______________________
3. ______________________:	______________________
	______________________
4. ______________________:	______________________
	______________________
5. ______________________:	______________________
	______________________

Schritt 3: Diese Vokabelgruppen bilden den Kern *(core)* Ihres Aufsatzes. Aus jeder Gruppe können Sie ein paar Vokabeln verwenden und miteinander verbinden. Entscheiden Sie, wie Sie diese Gruppen organisieren wollen und welche Redemittel aus dem Teil **Schriftliche Themen** von Kapitel 20 im ***Handbuch*** Sie dabei verwenden können.

Änderungen

Was würden Sie machen, wenn Sie einiges an Ihrer Schule oder Uni ändern *(change)* könnten?

Schritt 1: Schreiben Sie unter **A** eine kurze Liste mit Vorschlägen.

A	B
______________	______________________________
______________	______________________________
______________	______________________________

Schritt 2: Welche Verben, Substantive oder Adjektive könnte man mit diesen Stichworten verbinden? Schreiben Sie unter **B** zwei oder drei solche Wörter für jedes Stichwort unter **A.**

Schritt 3: Nehmen Sie nun diese Wortgruppen und schreiben Sie einen kurzen Abschnitt. Beginnen Sie mit einer hypothetischen Bedingung *(condition)* (z.B.: **„Wenn ich hier etwas ändern könnte, dann …** “) und machen Sie weiter mit einigen Sätzen im Konjunktiv. Nützliche Vokabeln dazu finden Sie in der **Anwendung** von diesem Kapitel im ***Handbuch.***

Das hätte ich nicht getan ...

Wie Sie im Kalender lesen können, hat Rudi ein paar sehr interessante Tage hinter sich.

	Mittwoch	Donnerstag	Freitag
Vormittag	6 Uhr – aufstehen! – joggen 10 Uhr – Mathe-Vorlesung	Bibliothek – Chemie lesen! 11 Uhr-Chemie-Vorlesung	9 Uhr Chemie-Prüfung
Nachmittag	18 Uhr – schwimmen	Mittagessen bei Martin (Pizza + Bier)	Mittagessen – Karin Einkaufen – Annette
Abend	19.15 Tennis → Udo 20 Uhr Konzert – mit Karen	Party!! bei Rolf	Abendessen – Angela Kino: Annette

Vielleicht denken Sie ja, es war nicht besonders klug oder ratsam *(advisable)*, was er alles gemacht hat. Schreiben Sie mindestens drei Sätze darüber, was Sie an seiner Stelle *(in his place)* gemacht oder nicht gemacht hätten. Schreiben Sie auch mindestens drei Sätze darüber, was er hätte machen sollen – oder ***nicht*** hätte machen sollen.

Dann sagte sie, dass ...

Für diese Aufgabe spielen Sie zwei Rollen: die einer berühmten Persönlichkeit Ihrer Wahl *(of your choice)* und die einer Journalistin/eines Journalisten.

Schritt 1: Zuerst sind Sie die berühmte Persönlichkeit – eine, die jetzt noch lebt oder eine, die in früheren Zeiten gelebt hat. Sie sind bei einem Interview und jemand stellt Ihnen folgende Fragen. Geben Sie in Ihren Antworten so viele Details wie möglich und schreiben Sie in ganzen Sätzen.

FRAGE: Könnten Sie einige Angaben *(information)* zu Ihrer Person machen – wie Sie heißen, wo Sie wohnen, was Sie beruflich *(as a career)* machen usw.?

ANTWORT: ____

____.

FRAGE: Was war der wichtigste Moment in Ihrem Leben?

ANTWORT: ____

____.

FRAGE: Was ist Ihr größter Wunsch für Ihre Zukunft?

ANTWORT: ____

____.

FRAGE: Was sehen Sie als das größte Problem unserer Zeit?

ANTWORT: ____

____.

FRAGE: Was schlagen Sie als Lösung *(solution)* vor *(suggest)*?

ANTWORT: ____

____.

Schritt 2: Wiederholen Sie die Verben im **Wortschatz** von Kapitel 22 und wählen Sie vier Synonyme für **sagen** aus, die Sie in Ihrem Bericht *(report)* verwenden könnten.

____

____

____

____

Schritt 3: Übernehmen Sie jetzt die Rolle der Journalistin/des Journalisten. Schreiben Sie einen Artikel, in dem Sie die Antworten, die die Persönlichkeit in **Schritt 1** gegeben hat, mit indirekter Rede im Konjunktiv wiedergeben

NAME ______________________ DATUM ______________

23

Pass bloß auf!

A. Sie haben einen Sohn, Christoph, der gerade seinen Führerschein *(driver's license)* gemacht hat. Nun fragt er Sie, ob er heute Abend das Familienauto haben kann, um mit seinen Freunden herumzufahren. Sie sagen „Ja", aber Sie haben ein bisschen Angst und geben ihm Anweisungen *(instructions)* im Imperativ, bevor er losfährt.

Ideen

an·rufen	**Navigationssystem (GPS)**
auf·passen	**nicht vergessen**
bezahlen	**Radio**
die Polizei	**spät**
essen	**tanken** *(to get gas)*
fahren	**trinken**
Geld	**vor Mitternacht (0.00 Uhr)**
langsam	**zurück·kommen**

BEISPIEL *„Also, Christoph, du darfst das Auto schon fahren, aber ..."*

1. ______________________
2. ______________________
3. ______________________
4. ______________________
5. ______________________

B. Charlotte, Max und Jana sind Studenten. Es ist Freitagnachmittag – keine Aufgaben, 2–3 Tage keine Vorlesungen, und jetzt wollen sie fürs Wochenende etwas planen. Aber was? Schreiben Sie ihre Diskussion auf und verwenden Sie dabei die deutsche Imperativform für "*Let's ...*" Unten finden Sie ein paar Vokabeln, die für eine solche Diskussion nützlich sind.

super, genial, prima, toll usw.
langweilig, doof, zu teuer, dauert zu lang usw.
Ach, das finde ich ____________________!
Mensch, das ist doch ____________________!
Ach, das machen wir doch immer.
Tja ... *(Well . . .)*
Ja! warum nicht?
Wir könnten auch (davor, anschließend, nachher, stattdessen) ...
Wie wär's mit ...?

CHARLOTTE: ____

MAX: ____

JANA: ____

__________: ____

__________: ____

__________: ____

__________: ____

__________: ____

__________: ____

__________: ____

__________: ____

__________: ____

__________: ____

__________: ____

__________: ____

__________: ____

__________: ____

__________: ____

__________: ____

__________: ____

__________: ____

__________: ____

__________: ____

__________: ____

NAME ______________________ DATUM ______________

24

In Zukunft ...

A. Philipp (21 Jahre) und Nadine (22 Jahre) sind Universitätsstudenten. Spekulieren Sie über ihre Zukunft im Jahre 2020.

Schritt 1: Schreiben Sie Ihre Ideen als Stichworte in die Tabelle.

	Philipp	**Nadine**
Beruf		
Hobbys		
Familienstand *(marital status)*		
Wohnort		
Probleme		
anderes: Ziele *(goals)*, Freunde, Urlaub usw.		

Schritt 2: Bilden Sie Sätze mit den gesammelten Stichworten. Verwenden Sie dabei auch einige Verben im Futur. Sie können entweder nur über eine Person schreiben oder beide vergleichen. Wie Sie im ***Handbuch*** gelesen haben, gibt es oft bei solchen Informationen eine Mischung von Futur und Präsens.

Im Jahre 2020 wird Nadine ______________ Jahre alt sein. Sie wird wohl ______________

B. Wie wird es wohl im Jahre 2020 bei Ihnen oder in Ihrem Land aussehen? Schreiben Sie einen kurzen Aufsatz darüber, auch mit einer Mischung von Präsens und Futurformen der Verben. Wenn Sie über sich selbst schreiben wollen, benutzen Sie einige Stichworte von Philipp und Nadine.

Alter *(age)*
Beruf
Hobbys
Familienstand
Wohnort
Pläne
Erwartungen *(expectations)*
Ziele
Träume *(dreams)*
Probleme

Wenn Sie über Ihr Land schreiben wollen, können Sie einige von diesen Stichworten benutzen.

Autos
Umwelt *(environment)*
Städte
Freizeit
Familien
Medizin
Computer/Internet
Unterhaltung *(entertainment)*

Im Jahre 2020 ______________________________

WORKBOOK

Aufgaben zur Struktur

NAME ______________________ DATUM ______________

1

Word order

A. Satzstellung. Schreiben Sie die Sätze um, indem Sie den Satz mit dem fett gedruckten *(bold)* Wort oder Ausdruck anfangen.

BEISPIEL Ich kaufe **morgen** ein *(shop)*. ***Morgen** kaufe ich ein.*

1. Der Film wird **um zehn Uhr** wiederholt.

____

2. Er hat uns nichts **mitgeteilt.**

____

3. Wir sind **die freundlichsten Kunden auf dieser Welt.**

____

4. Sie erzählte uns die Geschichte **bis ins kleinste Detail.**

____

5. Sie sangen **dann** das erste Lied nochmals einstimmig.

____

6. Die Professorin hat uns **viel** erklärt.

____

7. Du kannst es für uns zusammenfassen, **wenn du das Buch gelesen hast.**

____

8. Meine Lieblingssprache ist **Deutsch.**

____

9. Wir können die Situation nicht **ändern.**

____

10. Um gute Noten zu bekommen, muss man **lernen** *(study)*!

____

B. **Wer schenkt was wem?** Schreiben Sie die Sätze um. Ersetzen *(Replace)* Sie die fett gedruckten Wörter mit einem Pronomen.

BEISPIEL Ich schenke meinem Bruder **das Buch** zum Geburtstag.
Ich schenke es meinem Bruder zum Geburtstag.

1. Klaus schenkt **meinem Bruder** eine CD von den Prinzen.

___

2. Mein Bruder hat **Klaus die CD** in einem Geschäft gezeigt.

___

3. Klaus hat Inge **die CD** auch geschenkt.

___

4. Inge wollte ihrer **Freundin die CD** zum Geburtstag weiterschenken!

___

5. Klaus schenkt **Inge** eine CD und Inge schenkt **Klaus** einen CD-Spieler.

___

6. Klaus hat aber schon einen und wird **Inge** den CD-Spieler zurückgeben!

___

7. Mir wäre lieber, wenn **Inge** mir **den CD-Spieler** weiterschenken würde!

___

8. Zu meinem Geburtstag hat **Klaus** mir **die Prinzen-CD** geschenkt, aber ich habe keinen CD-Spieler!

___

C. **Fragen.** Schreiben Sie Fragen zu den Antworten.

BEISPIELE **Ja,** er kommt morgen Nachmittag mit.	*Kommt er morgen Nachmittag mit?*
Die Vorlesung endet **um vierzehn Uhr.**	*Wann (Um wie viel Uhr) endet die Vorlesung?*

1. Wir gehen zu der Vorlesung, **weil** wir die Professorin mögen. *(fam.)*

___

2. Natürlich kannst **du** auch in die Vorlesung gehen.

___

3. Sie findet **im großen Hörsaal** *(lecture hall)* statt. (statt·finden = *to take place*)

___

4. **Ein Heft und einen Stift** sollte man mitnehmen.

___

5. **Nein,** man darf während der Vorlesung nicht essen!

___

NAME ______________________ DATUM ____________

6. Das Thema der Vorlesung ist **die Geschichte der Stadt Leipzig.**

____

7. Nach der Vorlesung gehen wir **in die Stadt.**

____

8. **Nein**, wir fahren nicht mit dem Bus.

____

D. Ein Tag am See. Verbinden Sie die Sätze mit der angegebenen Konjunktion.

BEISPIELE Viele Leute haben keine Zeit. Sie arbeiten zu viel. (weil)
Viele Leute haben keine Zeit, weil sie zu viel arbeiten.

Man arbeitet zu viel. Man hat keine Freizeit. (wenn)
Wenn man zu viel arbeitet, hat man keine Freizeit.

1. Die Eltern nehmen mal einen Tag frei. Die Familie fährt zum See. (wenn)

____

2. Die Kinder gehen schwimmen. Sie haben keine Badehosen. (obwohl)

____

3. Man darf dort nicht schwimmen. Sie wissen nicht. (dass)

____

4. Ihre Eltern gehen spazieren. Sie achten nicht auf ihre Kinder. (und)

____

5. Sie machen sich aber keine Sorgen. Onkel Bernhard ist bei den Kindern. (weil)

____

6. Das Wetter ist so herrlich. Man möchte nicht an die Arbeit denken. (wenn)

____

7. Jetzt ist das Wetter schön. Nachher soll es regnen. (aber)

____

8. Man weiß ja nie. Die Wettervorhersage *(weather report)* ist richtig. (ob)

____

9. Die Kinder freuen sich. Die Eltern müssen heute nicht arbeiten. (dass)

____

E. Genauer gesagt. Ergänzen Sie die Sätze mit den angegebenen Satzteilen.

BEISPIEL Seit 1678 gab es eine Börse. (in Leipzig)
Seit 1678 gab es in Leipzig eine Börse.

1. Martin Luther predigte. (in der Leipziger Thomaskirche / 1539)

____

2. J.S. Bach wirkte. (an der Thomaskirche / 1723–1750 / als Organist und Kantor)

____

3. Ich habe die neue Prinzen-CD gesehen. (in einem Geschäft / vorgestern)

____

4. Ich werde sie kaufen. (als Geschenk für Inge / in einem anderen Geschäft / morgen)

____

5. Hast du die neueste Sendung von *Wetten, dass ...?* gesehen? (im Fernsehen / gestern Abend)

____

NAME ______________________________ DATUM ______________

2

Present tense

A. Konjugation. Schreiben Sie die richtige Form des Verbs mit dem gegebenen Subjekt.

1. hören: ich ____________, er ____________
2. kaufen: du ____________, wir ____________
3. informieren: sie *(sing.)* ____________, Sie ____________
4. lernen: ihr ____________, sie *(pl.)* ____________
5. studieren: ich ____________, du ____________
6. sagen: wir ____________, er ____________

B. Die richtige Verbform. Setzen Sie die richtige Form des Verbs ein.

1. Warum ____________ du das Video herunter? (laden)
2. Was ____________ der Pullover? (kosten)
3. ____________ ihr die Fenster, bitte? (öffnen)
4. Warum ____________ sie *(sing.)* den Plan schon wieder? (ändern)
5. Er ____________ mit seiner Freundin. (tanzen)
6. Wir ____________ vierzig Dollar. (wechseln)

C. Die Verabredung *(date)*. Wählen Sie das richtige Verb und vervollständigen *(complete)* Sie die Sätze.

1. Sandra ____________ sich heute Abend mit Matthias. (treffen, lesen)
2. Wollen wir wetten *(to bet)*, dass er es ____________? (werfen, vergessen)
3. Sie ____________ ihn jede Woche ____________, aber er kommt nie! (ein·laden, aus·geben)
4. Er ____________ jetzt mit Christian. (sehen, sprechen)
5. ____________ du ihm diesen Zettel *(note)*? (treten, geben)
6. Er soll nicht wissen, wer ihm ____________. (helfen, sterben)
7. Jetzt ____________ er den Zettel. (geschehen, lesen)
8. ____________ er den Zettel ____________? (empfehlen, weg·werfen)
9. Es ist besser sie ____________ ihn! (stehlen, vergessen)

D. Studentenmode. Setzen Sie die richtige Form des passenden Verbs von der Liste ein. Einige Verben kommen zweimal vor.

fahren	**schlafen**
gefallen	**tragen**
halten	**waschen**
laufen	

1. An dieser Uni ______________________ jeder die neueste Mode.
2. Das ______________________ meiner Freundin nicht.
3. Sie ______________________ es für blöd *(silly)*.
4. Man ______________________ nur von einem Geschäft zum nächsten.
5. Meine Freundin ______________________ einmal im Jahr nach Hause, um Klamotten *(colloq. clothes)* zu kaufen.
6. Manchmal ______________________ sie dasselbe Hemd, in dem sie ______________________!
7. Sie ______________________ ihre Klamotten auch nur alle vier Wochen!

E. Mehr Verben im Präsens. Setzen Sie die richtigen Verbformen ein.

1. Ich ______________________ Studentin/Student, was ______________________ du? (sein)
2. Wir ______________________ jetzt Deutsch, was ______________________ ihr? (haben)
3. Er ______________________ Lehrer, was ______________________ du? (werden)
4. Sie *(pl.)* ______________________ das schon, was ______________________ Sie? (wissen)
5. ______________________ ich alles, was du ______________________? (haben)
6. ______________________ du, wie viel er ______________________? (wissen)
7. Wenn sie *(sing.)* zwanzig ______________________ ______________________ ich vierzig. (werden)
8. Er ______________________ alt, aber wir ______________________ älter. (sein)

F. *Kennen* oder *wissen*? Übersetzen Sie die Sätze. Verwenden Sie die **du**-Form für *you*.

1. What do you know about **(über)** Germany?

   ____

2. I know some **(einige)** people in Berlin.

   ____

3. Do you know where Berlin is?

   ____

4. Yes! I know the city very well.

   ____

5. Do you know the people well?

____

6. Why do you want to know?

____

7. You know that I always ask questions!

____

G. Anders gesagt. Schreiben Sie die Sätze um, ohne Modalverben oder **werden** zu benutzen.

BEISPIEL Ich muss morgen einkaufen. *Ich kaufe morgen ein.*

1. Wo kann man interessante Leute kennenlernen?

____

2. Weiß dein Freund, dass du ausgehen wirst?

____

3. Der Zug wird um 08.15 Uhr von Gleis 2 nach Hamburg abfahren.

____

4. Mein Mitbewohner *(roommate)* will seine Freundin heute Abend anrufen.

____

5. Könnt ihr die Hausaufgaben für morgen bitte aufschreiben?

____

6. Nach dem Essen sollen wir irgendwo Kaffee trinken.

____

7. Weißt du, ob er heute Nachmittag mitkommen wird?

____

8. Wenn Sie nicht aufpassen können, werden Sie diesen Satz falsch umschreiben!

____

H. Das Verb fehlt! Schreiben Sie ganze Sätze mit den richtigen Verbformen.

BEISPIEL Sie *(formal)* / die Frage / ? (verstehen) *Verstehen Sie die Frage?*

1. wisst ihr / wann sie *(sing.)* / ? (nach·kommen)

___

2. er / eine schlechte Note / in der Prüfung / ? (bekommen)

___

3. du / mit 200 Euro / im Monat / ? (aus·kommen = *to manage, make do*)

___

4. wir / dem Stress nicht (entkommen = *to escape*)

___

5. warum / Sie / den Preis / dieses Jahr nicht / ? (vergeben = *to award*)

___

6. wie viel Geld / sie *(sing.)* / jeden Monat / für ihre Wohnung / ? (aus·geben)

___

7. ich / dir / deinen iPod / morgen (zurück·geben)

___

NAME ______________________________ DATUM ______________

3

Present perfect tense

A. Partizipien. Bilden Sie das Partizip.

BEISPIEL lernen *gelernt*

1. hören ______________
2. korrigieren ______________
3. kosten ______________
4. legen ______________
5. arbeiten ______________
6. (sich) ärgern ______________
7. studieren ______________
8. haben ______________
9. passieren ______________
10. schreiben ______________

B. Welches Verb passt? Setzen Sie das Partizip des richtigen Verbs ein.

BEISPIEL Wir haben bis drei Uhr morgens ______*getanzt*______ (tanzen, wohnen)

1. Wann haben Sie in Jena ______________? (studieren, hören)
2. Dieser Dichter hat im 18. Jahrhundert ______________. (leben, wohnen)
3. Die Prinzen haben ein Lied über Deutschland ______________. (sitzen, singen)
4. Das Problem haben wir noch nie ______________. (arbeiten, diskutieren)
5. Paris Hilton hat nichts in der *Wetten, dass...?* Show ______________. (sagen, schlafen)
6. Der Hund hat mir in die Hand ______________. (reisen, beißen)
7. Diese fleißige Studentin hat bis tief in die Nacht ______________. (studieren, lernen)
8. Gisela hat ihre Geburtstagsgeschenke ______________. (öffnen, kaufen)

C. An der Bushaltestelle. Setzen Sie das Partizip des richtigen Verbs aus der Liste ein.

denken	**kennen**	**nennen**	**stehen**
erkennen	**mit·bringen**	**rennen**	**wissen**

Gestern bin ich zur Bushaltestelle (1) ______________. Ich habe (2) ______________, dass der Bus um zwei Uhr fährt. Ich habe nicht (3) ______________, dass er am Wochenende erst um halb drei fährt. Ich habe also eine halbe Stunde an der Haltestelle (4) ______________. Zum Glück hatte ich meinen iPod (5) ______________. Dann kam ein Junge, den ich vom Fußballverein von zu Hause (6) ______________ habe. Er hat mich Mac-Mädel (7) ______________, weil ich meinen iPod immer dabei hatte. Er hat mich natürlich sofort (8) ______________.

D. Sätze im Perfekt. Schreiben Sie die Sätze in das Perfekt um.

BEISPIEL Ich trinke meinen Kaffee ohne Milch und Zucker.
Ich habe meinen Kaffee ohne Milch und Zucker getrunken.

1. Der deutsche Fernsehsender *(TV channel)* ZDF sendet die erste *Wetten, dass…?* Show.

____

2. Frau Mecklenburg spricht mit ihren Mietern über die Hausordnung.

____

3. Herr Pauker gibt uns zu viele Hausaufgaben auf.

____

4. Inge schläft bis dreizehn Uhr.

____

5. Ich lese mit Erstaunung *(shock)* deine E-Mail!

____

6. Sonja versteht ihre Professorin nicht.

____

7. Die Geschichtsvorlesung beginnt schon um halb neun.

____

8. Der Vogel fliegt in die Tiefgarage.

____

E. Was haben Sie mit jedem Gegenstand gemacht? Wählen Sie ein Verb aus der Liste aus und schreiben Sie Sätze im Perfekt.

BEISPIEL das Buch *Das Buch habe ich gelesen.*

gehen	**laufen**	**machen**	**sehen**	**singen**
helfen	**lesen**	**messen**	**sein**	**schneiden**

1. das Lied

____

2. die Tomaten

____

3. den neuen Film

____

4. dem alten Herrn

____

5. meine Hausaufgaben nicht

____

6. den Abstand *(distance)*

____

F. Das Verb fehlt. Schreiben Sie Sätze mit dem Verb im Perfekt.

BEISPIEL ich / nicht genug Geld. (mit·nehmen) *Ich habe nicht genug Geld mitgenommen.*

1. die Studentin / nicht (zu·hören)

____

2. den Brief / er / erst heute Nachmittag (ab·schicken)

____

3. in der Buchhandlung / sie *(pl.)* / zu viel Geld (aus·geben)

____

4. obwohl Lutz eine schöne Stimme hat / er / nicht (mit·singen)

____

5. der Papagei / das Kind (faszinieren)

____

6. die Prüfung / ich / eine Viertelstunde zu spät (ab·geben)

____

7. den Stadtplan / ihr / euch noch nicht / nicht wahr / ? (an·sehen)

____

8. ich / meinen Autoschlüssel / im Einkaufszentrum (verlieren)

____

G. Was habe ich nur gemacht! Setzen Sie das Partizip des richtigen Verbs aus der Liste ein. Verwenden Sie jedes Verb nur einmal.

BEISPIEL Letzte Woche habe ich meine Freunde ___*beleidigt*___.

~~**beleidigen** *(to insult)*~~	**enttäuschen** *(to disappoint)*	**vermissen**
beschreiben	**missverstehen**	**versprechen**
besuchen	**verlieren**	**verstehen**

Ich habe ihnen (1) ____________________ eine Geburtstagsfete für Daniel zu organisieren. Ich habe ihnen meine Pläne sogar *(even)* (2) ____________________. Aber wir haben uns (3) ____________________, denn ich habe das Fest für nächste Woche geplant, aber sie haben (4) ____________________, dass wir schon diesen Freitag feiern würden. Nun habe ich Freitag meine

Schwester in Leipzig (5) ______________________________, weil ich sie (6) ______________________________
habe. Meine Freunde habe ich sehr (7) ______________________________ und vielleicht sogar
(8) ______________________________.

H. ***Haben* oder *sein*?** Setzen Sie die richtige Form des Hilfsverbs ein.

BEISPIEL Karl ______*hat*______ ein Brötchen gekauft.

1. ______________________ du wirklich während der Vorlesung eingeschlafen?
2. Ich ______________________ endlich nach Paris gefahren.
3. Wann ______________________ Sie den Reichstag in Berlin besichtigt?
4. Mensch, ______________________ du im Urlaub braun geworden!
5. Wir ______________________ keine Lust gehabt sechs Stunden im Regen zu sitzen.
6. Mir ______________________ gestern etwas Komisches passiert!
7. Wir ______________________ den ganzen Tag zu Hause geblieben.
8. Ich ______________________ mein Auto ins Parkhaus gefahren.
9. Endlich ______________________ es mir gelungen!
10. Er ______________________ mich nicht wiedererkannt.

I. **Wortschatz.** Schreiben Sie die Sätze ins Perfekt um.

BEISPIEL Dienstag fahre ich zum Bahnhof.
Dienstag bin ich zum Bahnhof gefahren.

1. Viele Studenten hängen Poster an jede Wand in ihrem Zimmer.

   ____

2. Der Schlüssel hängt schon die ganze Zeit an der Wand neben der Tür.

   ____

3. Die Höhe *(height)* erschreckt viele Radfahrer.

   ____

4. Bärbel wendet sich an mich um Hilfe.

   ____

5. Meine Freunde legen keinen Wert auf Mode.

   ____

6. Meine Eltern schicken mir jeden Monat ein Päckchen.

   ____

NAME ________________________ DATUM ____________

4

Definite articles and *der*-words • Indefinite articles and *ein*-words

A. Am Strand! Ergänzen Sie die Endungen der Possessivpronomen und schreiben Sie die richtigen fehlenden Artikel in die Lücken.

1. Der Strand ist mein________ Lieblingsort im Sommer.
2. ________ ganze Familie kann sich dort amüsieren.
3. Für ________ kleinen Kinder gibt es Sand und Wasser zum Spielen.
4. Mein________ große Schwester liegt ganzen Tag in ________ Sonne, denn sie will braun werden.
5. Mein________ kleiner Bruder fährt mit sein________ Freunden Fahrrad.
6. Mein________ Mutter geht mit mein________ Vater spazieren.
7. Ich schreibe alles in mein________ Tagebuch auf, damit ich unser________ tollen Urlaub nie vergesse!
8. Ich schreibe auch Postkarten an mein________ Freunde, damit sie sehen, wie schön ________ Strand ist.

B. Ein komisches Märchen. Setzen Sie die richtige Form von **der** oder **ein** ein.

BEISPIEL Es war einmal ___*eine*___ Prinzessin namens Elisabeth.

(1) ________ junge Frau wohnte in (2) ________ großen Schloss *(n., castle)* und hatte (3) ________ schönen Freund. Sein Name war Heinz und er war (4) ________ junger Prinz, der (5) ________ Prinzessin oft besuchte. Heinz wollte (6) ________ Prinzessin Elisabeth heiraten, damit er (7) ________ König und sie (8) ________ Königin (9) ________ Landes werden würden. Heinz spielte Schach *(chess)* mit (10) ________ Prinzessin, und er half ihr auch (11) Schloss sauber zu machen, denn Elisabeth wollte (12) *k*________ Diener *(pl., servants)* haben. Eines Tages kam (13) ________ hungriger Drache *(m., dragon)* und fraß viele Leute in (14) ________ Schloss und brannte alles mit seinem feurigen Atem *(m., breath)* ab. (15) ________ Leute in (16) ________ Stadt hörten (17) ________ Hilfeschreie *(cries for help)* (18) ________ Leute im Schloss, aber (19) ________ Atem (20) ________ Drachen nahm (21) ________ Leuten *(dat.)* (22) ________ Mut *(m., courage)*. (23) ________ Drache nahm (24) ________ Freund (25) ________ Prinzessin und (26) ________ Bäuerin *(female farmer)* aus (27) ________ Stadt gefangen *(captive)*. Elisabeth folgte *(dat., followed)* (28) ________ Drachen, um ihren Freund und (29) ________ Bäuerin zu retten. Und weil sie (30) ________ kluge Frau war, konnte sie (31) ________ beiden auch retten!

C. Mit oder ohne Artikel? Wählen Sie die passenden Wörter aus der Liste und vervollständigen Sie die Sätze.

Arbeit	**Ort**	**Raum**	**Zimmer**
Kellner(in)	**Platz**	**Stelle**	

1. Ich bin ____________________ in der Kneipe nebenan.
2. Ist das ____________________, wo wir uns kennengelernt haben?
3. Nein, es war auf ____________________ vor der Kneipe, neben dem Springbrunnen *(fountain)*. Erinnerst du dich nicht?
4. Doch, jetzt wo du es sagst. An ____________________ haben wir uns zum ersten Mal gesehen.
5. Kurz danach ist dort ____________________ als Kellner(in) freigeworden und ich habe mich dafür beworben *(applied for)*.
6. Mit dem Geld, das ich verdiene, kann ich mir eine größere Wohnung leisten *(afford)*, damit ich genug ____________________ habe.
7. Früher habe ich nur ein kleines ____________________ gehabt.
8. An deiner ____________________ hätte ich auch eine größere Wohnung gesucht!

D. Auf Deutsch! Übersetzen Sie die Sätze. Verwenden Sie die Kontraktionen **im, zur** usw. wenn möglich.

1. My girlfriend has invited me to dinner on Thursday.

____

2. She lives in an apartment in (on) Mozart Square.

____

3. I'll travel by bus, not by car.

____

4. She will have pictures of her trip to **(in)** Switzerland.

____

5. She went with her mother and father.

____

6. Her parents like to travel **(gern reisen)**, but mine don't.

____

7. We did not go on vacation last year.

____

8. This year we will go to the beach.

____

NAME ______________________ DATUM ______________

E. Fremdsprachen lernen! Setzen Sie die richtige Form des Wortes ein.

BEISPIEL _*Manche*_ Leute finden es wichtig eine Fremdsprache zu lernen.
(manch-)

1. Nicht ______________ Student und ______________ Studentin findet es einfach. (jed-)
2. ______________ Fremdsprache finden Sie am wichtigsten? (welch-)
3. Bei ______________ Fremdsprache muss man fleißig sein. (jed-)
4. Fleiß ist das Kennzeichen *(trademark)* ______________ guten Studenten. (all-)
5. Mit ______________ Arbeitsheft üben wir Deutsch. (dies-)
6. Kennen Sie eine Autorin ______________ Heftes? (ein- solch-)
7. ______________ Kurs ist bestimmt Ihr Lieblingskurs! (dies-)
8. Deutsch ist die Muttersprache ______________ Dichter und Denker *(pl.)*. (manch-)

F. Kaufen wir einen Laptop! Schreiben Sie die Sätze mit **der**-Wörtern um.

BEISPIEL Das Geschäft gehört der Familie Müller. (dies-)
Dieses Geschäft gehört der Familie Müller.

1. Die Mitarbeiter im Geschäft sind sehr hilfsbereit. (all-)

____

2. Sie verkaufen eine Sorte von Laptops. (jed-)

____

3. Den Laptop wünscht sich die Susanne. (dies-)

____

4. Mit dem Laptop könnte sie besser arbeiten. (jen-)

____

5. Der Laptop gefällt Jörg auch. (so ein-)

____

6. Die Leute haben schon wesentlich *(considerably)* mehr dafür bezahlt. (manch-)

____

7. Den Laptop soll sich die Susanne kaufen. (solch ein-)

____

G. Mehr *der*-Wörter. Setzen Sie die richtige Form des **der**-Wortes ein.

BEISPIEL ______*Solche*______ Bücher lese ich gern. *(such)*

1. Neugier *(curiosity)* hat den Untergang ______________ Katze verursacht. *(many a)*
2. Ich habe ______________ Raum *(m.)* durchsucht! *(every)*
3. ______________ Enkelkind *(grandchild)* schenken Sie den iPod nano? *(which)*
4. Die Kinder hören nicht ______________ Erwachsenen *(adults)* zu! *(all)*
5. Passt Ihnen ______________ Termin *(m., appointment)*? *(this)*
6. Oder möchten Sie lieber ______________ haben? *(that)*
7. Der Ruf *(reputation)* ______________ Geschäftsleute ist nicht gut. *(such)*
8. Wir brauchen die Mitarbeit ______________ Einzelnen *(m., individual)*. *(each)*

H. Gehen wir zelten! Setzen Sie das passende Possessivpronomen ein.

BEISPIEL Fahren wir mit ______*unserem*______ Auto oder mit ______*seinem*______? (wir; er)

1. Wir brauchen ______________ Kamera *(f.)*, weil ______________ kaputt ist. (du; ich)
2. Bringt Lisa ______________ Rucksack mit, oder brauchen wir ______________? (sie; ich)
3. Ludger und Amalie unterhalten uns mit ______________ Gitarren und Georg mit ______________. (sie *pl.*; er)
4. Eva denkt, dass ______________ Lieder schöner sind als ______________. (sie; wir)
5. Ist die Farbe ______________ Zeltes *(n.)* heller als die ______________? (du; er)
6. Da ist ______________ Campingplatz, aber wo ist ______________? (ihr; wir)
7. Hast du ______________ Handy *(n., cell phone)* mitgebracht? Ich habe ______________ vergessen. (du; ich)
8. Ich habe ______________ auch vergessen – vielleicht haben Ludger und Amalie ______________ dabei. (ich; sie *pl.*)

NAME ______________________ DATUM ______________

5

Cases and declensions

A. Artikel. Schreiben Sie die richtige Form des Artikels.

BEISPIEL der Hut *(acc., gen.)* *den Hut, des Hut(e)s*

1. die Sicherheit *(dat., acc.)* ______________ ______________
2. das Manuskript *(acc., gen.)* ______________ ______________
3. die Studentinnen *(dat., gen.)* ______________ ______________
4. die Autorin *(acc., gen.)* ______________ ______________
5. der Schauspieler *(acc., dat.)* ______________ ______________
6. die Freunde *(acc., dat.)* ______________ ______________
7. der Regisseur *(dat., gen.)* ______________ ______________
8. das Geheimnis *(dat., acc.)* ______________ ______________
9. die Gefühle *(acc., dat.)* ______________ ______________
10. der Vater *(gen., dat.)* ______________ ______________

B. Der richtige Artikel. Setzen Sie das passende Wort mit dem richtigen Artikel ein.

BEISPIEL Dreyman schreibt ______*den Artikel*______, der 1984 im *Spiegel* erscheint.

~~**Artikel**~~	**Beweis**	**Freundin**	**Schriftsteller**	**Widmung**
Aufgabe	**Buch**	**Schreibmaschine**	**Stasi**	

1. Die Stasi will ______________ finden, auf der er den Artikel geschrieben hat.
2. ______________ von Dreyman heißt Christa-Marie.
3. Sie will ______________ nicht helfen, aber sie hat keine andere Wahl.
4. Sie verrät endlich, wo ______________ die Schreibmaschine versteckt hat.
5. Um sie zu schützen, entfernt Wiesler ______________, bevor die Stasi ihn finden kann.
6. Danach wird Wiesler versetzt, da er ______________ nicht erfüllt hat.
7. Nach der Wiedervereinigung kauft Wiesler ______________, das Dreyman geschrieben hat.
8. ______________ darin überrascht ihn. Das Buch ist ihm gewidmet, denn der Schriftsteller wusste, dass Wiesler ihn damals geschützt hatte.

C. Wem? Schreiben Sie die Sätze um, indem Sie sie mit dem angegebenen Dativobjekt ergänzen.

BEISPIEL Sie schreibt eine Postkarte. (die Schwester)
Sie schreibt der Schwester eine Postkarte.

1. Der Krankenpfleger *(male nurse)* bringt ihre Medikamente. (die Patientin)

____

2. Der Dozent *(teaching assistant)* beschreibt die Aufgabe. (die Studenten)

____

3. Ich habe den Film empfohlen. (der Mann)

____

4. Die Frau erklärt den Witz. (das Kind)

____

D. Nomen und Pronomen. Ersetzen *(Replace)* Sie die Nomen mit Pronomen und umgekehrt *(vice versa)*.

BEISPIELE Monika sagt dem Jungen die Abfahrtzeit *(time of departure)*.
Sie sagt sie ihm.

Er beantwortete sie ihm. (Jan, die Frage, der Herr)
Jan beantwortete dem Herrn die Frage.

1. Hans kauft seiner Mutter ein Handy.

____

2. Er zeigte ihn ihr. (Peter, der iPod, die Kundin)

____

3. Nick bekommt das Geld von seiner Freundin.

____

4. Der Vater glaubt seiner Tochter nicht.

____

5. Astrid leiht ihrer Freundin ihr Auto.

____

6. Er bereitet es ihr vor *(prepares)*. (der Junge, seine Freundin, das Abendessen)

____

7. Der Maler tapezierte Frau Meier die Wohnung.

____

NAME ______________________ DATUM ______________

E. Welcher Fall? Ergänzen Sie die Sätze.

1. Es gelingt ______________ nicht, Dreyman auszuschalten. *(the boss)*
2. Der Stasi-Mitarbeiter läuft ______________ nach. *(the woman)*
3. Der Häftling tut ______________ leid. *(the students)*
4. Christa-Marie fehlt ______________, nachdem sie gestorben ist. *(the playwright)*
5. Gestern ist er ______________ begegnet. *(the actress)*
6. Grubnitz traut ______________ nicht. *(the man)*
7. Sie kann ______________ nicht entgehen. *(the Stasi)*

F. Auf Deutsch! Übersetzen Sie die Sätze.

1. The owner **(der Besitzer)** of the apartments comes from the region **(die Gegend)**.

   ____

2. The name of the river is the **(der)** Neckar.

   ____

3. Hölderlin's house is on the river.

   ____

4. The name of the founder **(der Gründer)** of the university is Karl Eberhard.

   ____

5. Is the name of the city Tübingen? Yes!

   ____

G. Wie viel? Ergänzen Sie die Sätze.

BEISPIEL Gabi bestellt eine ______*Tasse Tee*______ *(a cup of tea)*.

1. Wir brauchen ______________ *(a container* = ein Becher *of yogurt)*.
2. Er hat ______________ *(a lot of money)* verloren.
3. Ich will ______________ *(a pound of meat)* auf dem Markt kaufen.
4. Sie sieht ______________ *(a row of policemen)*.
5. Ich will ______________ *(a liter of milk)* auf dem Markt kaufen.
6. Sie sollte ______________ *(the box* = die Schachtel *of cigarettes)* nicht kaufen.
7. Kauft ihr noch ______________ *(a bottle of wine)* für das Fest ein?

H. Die Prinzessin auf der Erbse *(pea)*. Vervollständigen Sie die Sätze mit den richtigen Artikeln.

Es war einmal ein schöner junger Prinz. (1) _________ Prinz wollte (2) _________ echteste Prinzessin (3) _________ Welt heiraten *(marry)*. Er reiste durch die ganze Welt, um (4) _________ schönste und beste Prinzessin zu finden. Doch (5) _________ vielen Prinzessinnen, (6) _________ er gefunden hatte, waren alle nicht gut genug. (7) _________ Prinz hat (8) _________ Prinzessinnen geprüft, aber keine hat (9) _________ Prüfung bestanden.

Eines Nachts gab es (10) _________ schrecklichsten Sturm *(m.)* (11) _________ Jahres und jemand klopfte an die Tür. (12) _________ Regen strömte hernieder, und (13) _________ alte König ging zu der Tür, um aufzumachen. Draußen stand eine Prinzessin. (14) _________ Prinzessin fragte (15) _________ König, ob sie übernachten durfte. (16) _________ Prinzessin gefiel (17) _________ Prinzen sehr. (18) _________ Mutter (19) _________ Prinzen wollte ihrem Sohn helfen. (20) _________ alte Königin bezweifelte *(doubted)*, dass (21) _________ schöne Fräulein vor der Tür eine echte Prinzessin war. Bevor (22) _________ Königin (23) _________ Prinzessin zeigte, wo sie übernachten sollte, nahm (24) _________ Mutter (25) _________ Prinzen (26) _________ Bett (27) _________ Prinzessin auseinander *(apart)* und legte eine kleine Erbse *(pea)* auf den Boden (28) _________ Bettes. Dann legte (29) _________ Königin zwanzig Matratzen darauf.

Am nächsten Morgen fragte (30) _________ ganze Familie (31) _________ Prinzessin, wie sie geschlafen habe. (32) _________ Prinzessin gab (33) _________ richtige Antwort: sie hatte kaum schlafen können, weil sie (34) _________ Erbse unter den zwanzig Matratzen gespürt hatte. (35) _________ Prinz nahm (36) _________ Prinzessin zur Frau, weil er wusste, dass sie (37) _________ echteste Prinzessin (38) _________ Welt war. (39) _________ Erbse kann man heute noch in dem Museum (40) _________ Stadt finden, falls niemand sie weggenommen hat.

NAME ______________________ DATUM ______________

6

Prepositions

A. **In der Buchhandlung.** Wählen Sie die passenden Präpositionen und Artikel bzw. Endungen.

BEISPIEL Die Buchhandlung ist ___*um die*___ Ecke.
gegen **von** **um** **über**

1. Ich kaufe dieses Buch ____________ mein________ Vater.
für **von** **bei** **über**
2. Diese Buchhandlung war bis vor einigen Tagen ____________ Mühlstraße.
ohne **in** **von** **um**
3. Ein Auto ist ____________ alt________ Gebäude gefahren.
gegen **für** **mit** **von**
4. Es ist ____________ Fenster gefahren.
mit **in** **um** **von**
5. Der Unfall ist letzten Donnerstag ____________ drei Uhr passiert.
bei **auf** **an** **um**
6. Der Fahrer ist ____________ Führerschein gefahren.
mit **für** **gegen** **ohne**
7. Wir sind ____________ Auto gegangen und haben ihn festgehalten.
um **ohne** **durch** **mit**
8. Die Buchhandlung ist letzten Freitag ____________ dies________ neu________ Gebäude umgezogen.
durch **in** **für** **gegen**

B. **Sie sind aber neugierig!** Beantworten Sie die Fragen mit einer passenden Präposition. Bei einigen Fragen passen mehrere Präpositionen.

BEISPIEL Mit wem sind Sie gekommen? (meine Eltern)
Mit meinen Eltern.

1. Wo sind Sie gewesen? (der Augenarzt)

____

2. Wo liegt seine Praxis *(office)*? (die Bank)

____

3. Wohin gehen Sie jetzt? (die Apotheke)

___

4. Woher haben Sie diese Informationen? (die Sekretärin)

___

5. Wann gehen wir ins Kino? (das Abendessen)

___

6. Seit wann wohnen Sie hier? (der achtundzwanzigste Februar)

___

7. Mit wem haben Sie heute schon gesprochen? (meine Tochter)

___

8. Woher kommen Sie? (die Vereinigten Staaten)

___

C. Richten wir die Wohnung anders ein! Schauen Sie sich das Bild genau an. Dann beschreiben Sie, wo alles ist und was Sie damit machen, mit den angegebenen *(supplied)* Vokabeln, wie in dem Beispiel.

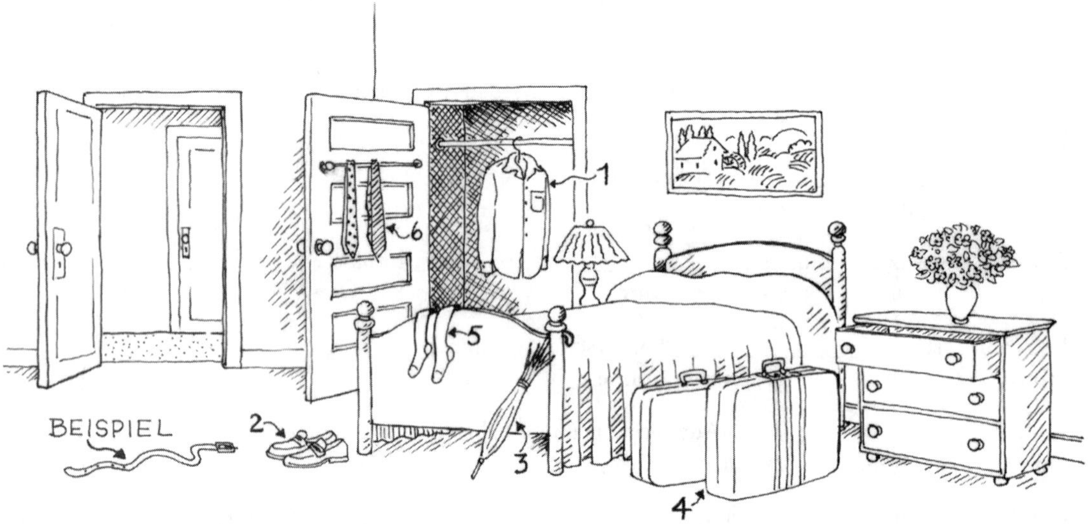

BEISPIEL der Gürtel / Fußboden → Schublade
Der Gürtel liegt auf dem Fußboden. Ich lege ihn in die Schublade.

1. das Hemd / Schrank → Kommode

___

2. die Schuhe / Boden → Schrank

___

3. der Schirm / Bett → Flur *(hallway)*

___

4. die Koffer *(pl.)* / Bett → Bett

____

5. die Socken / Bett → Schublade

____

6. die Krawatten / Schranktür → Schrank

____

D. Die Erkältung. Setzen Sie die passenden Präpositionen und, wo nötig, Endungen ein.

BEISPIEL Torsten kam nicht ___*wegen*___ sein___*er*___ Erkältung. (wegen; jenseits)

1. Er wohnt __________ ein______ Dorf______ und konnte nicht sofort zum Arzt. (während; außerhalb)
2. Er hat sich erkältet, weil er __________ ein______ Warnung______ von seinen Freunden ohne Mütze und Handschuhe Eishockey gespielt hat. (trotz; oberhalb)
3. Natürlich hat er auch __________ d______ Spiel______ viel geschwitzt *(sweat)*. (statt; während)
4. Er hat auch danach eine Cola getrunken, __________ ein______ Tasse______ Tee. (statt; wegen)
5. Der Spielplatz liegt __________ ein______ Wald______ und er musste die ganze Strecke allein laufen. (trotz; jenseits)
6. Obwohl er heute schon wieder Eishockey spielen wollte, blieb er __________

   Wetter__________ zu Hause. (wegen; [an]statt)

E. Ein Gespräch an der Uni. Setzen Sie die passenden Präpositionen und, wo nötig, Endungen ein.

BEISPIEL ___*Außer*___ mein___*em*___ Deutschkurs ______ habe ich heute keinen Unterricht. *(besides)*

1. Wollen wir __________ mein______ Bruder______ einkaufen gehen? *(with)*
2. Kauft er Essen __________ d______ Fest______ am Samstag ein? *(for)*
3. Übrigens kann ich nicht __________ d______ Mensa______ mitkommen. *(in)*
4. Warum nicht? Sie liegt direkt __________ d______ Hörsaal______. *(behind)*
5. Ja, aber ich muss __________ d______ Mittagspause______ Geld holen. *(during)*
6. Kannst du dich __________ ein______ Mittagessen______ konzentrieren? *(without)*
7. Es gibt eine Bäckerei __________ d______ Mensa______. *(across from)*

F. Auf Deutsch! Übersetzen Sie die Sätze.

1. I live in the (very same) house you did last semester.

____

2. Do you *(formal)* need something to eat?

____

3. The boys are running along the fence **(der Zaun).**

____

4. My friend talks constantly about his vacation.

____

5. According to my professor *(m.)*, I will pass **(bestehen)** the course.

____

6. I usually **(gewöhnlich)** go home by train.

____

7. For all I care, you *(formal)* can forget it.

____

8. Do you *(fam. sing.)* read your book while eating?

____

9. We are meeting at Peter's today.

____

G. Wortschatz. Setzen Sie die richtige Form des passenden Verbs aus der Liste ein.

bekommen	**holen**
erhalten	**kriegen**

1. ______________________ mir doch bitte einen Kaffee!
2. Wir haben Ihre Bewerbung rechtzeitig ______________________.
3. ______________________ wir die Karten oder nicht?
4. Hast du meine E-Mail ______________________?
5. Sie hat den Nobelpreis ______________________.
6. Sie ______________________ sich Geld aus dem Bankautomaten.
7. Warum ______________________ er immer alles?
8. Er ______________________ ein neues Auto.

Negation

A. Nein, nein, nein! Beantworten Sie die Fragen mit **kein.**

BEISPIEL Haben Sie heute Abend Zeit? *Nein, ich habe heute Abend keine Zeit.*

1. Hast du Lust mit uns tanzen zu gehen?

____

2. Singst du witzige Lieder unter der Dusche?

____

3. Esst ihr Gemüse?

____

4. Haben wir Geld für so etwas?

____

5. Möchten Sie einen Laptop kaufen?

____

6. Kann er Deutsch?

____

7. Gibt es dort eine Mensa?

____

8. Hat Georg heute eine Klausur *(exam)* geschrieben?

____

B. Die Liebe ist schon schwierig! Verneinen Sie die Sätze mit **nicht** oder **kein**.

BEISPIELE Sie will einen neuen Freund.
Sie will keinen neuen Freund.

Das hat er verstanden.
Das hat er nicht verstanden.

1. Warum rufst du mich an?

____

2. Weil ich Zeit für so etwas habe.

____

3. Morgen kann ich ins Kino gehen.

____

4. Hast du Geld oder Lust?

____

5. Ganz ehrlich *(honestly)* gesagt, will ich dich sehen.

____

6. Warum denn? Magst du mich?

____

7. Ich habe einen guten Grund dafür. Ich will bloß *(just)* mit dir zusammen sein.

____

8. Dann habe ich Lust mit dir zu telefonieren. Tschüss!

____

C. Nochmals nein! Beantworten Sie die Fragen im Negativ mit **nie, niemals** oder **nicht.**

BEISPIEL Geht ihr oft schwimmen?
Nein, wir gehen nie(mals) schwimmen.

1. Sind Sie schon in Deutschland gewesen?

____

2. Essen Sie jeden Tag in der Mensa?

____

3. Hast du den neuesten Film von Uli Edel gesehen?

____

4. Macht ihr immer eure Hausaufgaben?

____

5. Wann gibst du mir deine E-Mailanschrift?

____

D. Nicht das, sondern das ... Verneinen Sie die Sätze und beginnen Sie die Alternative mit **sondern.**

BEISPIEL Ich fahre mit dem Bus in die Stadt. (Fahrrad)
Ich fahre nicht mit dem Bus in die Stadt, sondern mit dem Fahrrad.

1. Die Kinder trinken Cola. (Saft)

____

2. Tim kocht heute Abend für uns. (übermorgen Abend)

____

3. Auf ihrer Facebookseite gibt es Fotos. (Links)

____

4. Meine Eltern fahren morgen früh mit dem Auto zum Flughafen. (mit dem Bus)

____

E. Im Café. Schreiben Sie die Sätze zweimal um, zuerst mit genereller Verneinung und dann mit bestimmter Verneinung.

BEISPIEL Sie textete mich. (dich)
Sie textete mich nicht.
Sie textete nicht mich, sondern dich.

1. Sie trifft ihre Eltern. (ihre Freunde)

____

____

2. Sie mag den Sessel. (das Sofa)

____

____

3. Sie bestellt die Sachertorte. (den Apfelstrudel)

____

____

4. Sie hat ihren Laptop dabei. (ihren iPod)

____

____

5. Sie mag Rammstein. (Tokio Hotel)

____

____

F. Leider doch nicht. Bilden Sie Sätze im Negativ.

BEISPIEL Lucas / zu Hause bleiben *Lucas bleibt nicht zu Hause.*

1. er / im Bett liegen

____

2. seine Kumpel *(buddies)* / auf ihn warten

____

3. sie *(pl.)* / in die Stadt fahren

____

4. Florian und Paul / ins Kino gehen

____

5. Lucas / sich für den Film interessieren

____

6. er / an Florian und Paul denken

____

7. Lucas / über sein Pech schimpfen

____

G. Nicht mehr. Übersetzen Sie die Sätze.

1. The store doesn't have any more iPods.

____

2. I don't have any more money.

____

3. Julia doesn't want any more Facebook friends.

____

4. Finn can't run any longer.

____

5. Maria doesn't live in this apartment anymore.

____

8

Simple past tense • Past perfect tense

A. Die richtige Verbform. Schreiben Sie die folgenden Verben in den richtigen Präteritumsformen.

BEISPIEL lachen *(to laugh)* (er, wir) *er lachte, wir lachten*

1. rennen (er, wir) ______________ ______________
2. sagen (ich, Sie) ______________ ______________
3. brauchen (ihr, du) ______________ ______________
4. kosten (es, sie *pl.*) ______________ ______________
5. trainieren (sie *sing.*, du) ______________ ______________
6. niesen *(to sneeze)* (ich, du) ______________ ______________
7. retten *(to save)* (Sie, ihr) ______________ ______________
8. fliegen (es, du) ______________ ______________
9. erscheinen (sie *pl.*, sie *sing.*) ______________ ______________
10. finden (ich, Sie) ______________ ______________

B. Das Verb fehlt. Setzen Sie die richtigen Präteritumsformen der Verben ein.

BEISPIEL Er ______*brachte*______ keine Pfeile mit. (bringen)

1. Der Mann ______________ durch den Wald. (rennen)
2. Er ______________, dass er sterben würde. (denken)
3. Die drei Damen ______________ den Mann nicht, aber sie ______________ ihn trotzdem. (kennen, retten)
4. Sie ______________ ihn zu ihrer Fürstin. (bringen)
5. Den Verstorbenen *(deceased)* ______________ ich nicht. (kennen)
6. Die Frau ______________ nicht, dass wir gekommen sind. (wissen)
7. ______________ ihr wirklich, dass wir unser Haus verkaufen würden? (denken)
8. Die Kinder in der Nachbarschaft ______________ ihn immer „Opa". (nennen)
9. Warum ______________ Sie sich nicht an mich um Hilfe? (wenden)

C. Das Geburtstagsfest. Schreiben Sie die Sätze in das Präteritum um.

BEISPIEL Um 19.00 Uhr sind die Gäste gekommen.
Um 19.00 Uhr kamen die Gäste.

1. Wir haben auf Stühlen an der Bar gesessen.

____

2. Lena hat viel getrunken.

____

3. Ich habe Luca im Restaurant gesehen.

____

4. Wir haben genug Geld mitgenommen.

____

5. Ich habe die Speisekarte gelesen.

____

6. David hat dem Kellner ein gutes Trinkgeld *(tip)* gegeben.

____

7. Wir haben für Lena „Happy Birthday“ gesungen.

____

8. Sie hat von jedem ein Geschenk bekommen.

____

9. Zum Kaffee hat es Kuchen gegeben.

____

10. Das Fest ist sehr schön gewesen.

____

D. Rund um die Uni. Bilden Sie Sätze im Präteritum.

BEISPIEL die Studenten / am Marktplatz sich versammeln
Die Studenten versammelten sich am Marktplatz.

1. wir / an der Bibliothek vorbei·laufen ______________________________
2. sie *(sing.)* / das Studentenheim besuchen ______________________________
3. der Hörsaal / letztes Jahr ab·brennen ______________________________
4. ich / gestern meine Studiengebühren bezahlen ______________________________
5. die Mensa / um 18 Uhr zu·machen ______________________________
6. ich / Schreibpapier und Stifte im Laden ein·kaufen ______________________________

7. die Professorin / das Buch empfehlen ______________________________

8. mein Freund / sich Geld am Bankautomaten holen ______________________________

9. wir / den ganzen Nachmittag im Café verbringen ______________________________

10. ich / meine Eltern letzte Woche an·rufen ______________________________

E. Alte Schriftarten. Setzen Sie die richtigen Präteritumsformen der Verben ein.

BEISPIEL Die deutsche Schrift ______*war*______ nicht immer so, wie wir sie heute kennen. *(sein)*

1. Sie ______________ sich während der Gotik ______________.
(heran·bilden = *to develop slowly*)

2. Die Mönche *(monks)* und Schreibmeister ______________ Buchstaben neben Buchstaben, ohne Verbindungsstriche *(connecting lines)*. (setzen)

3. Allmählich *(gradually)* ______________ die gotischen Buchstaben vereinfacht *(simplified)* und durch Striche miteinander verbunden. (werden)

4. Diese Schrift ______________ man „Kurrentschrift". (nennen)

Created by Elizabeth Garcia /© Cengage Learning.

5. Deutsche Schülerinnen und Schüler ______________ diese Kurrentschrift bis in die zwanziger Jahre des letzten Jahrhunderts. (lernen)

6. Viele Leute ______________ diese Schrift schön, aber man ______________ viel Zeit, um sie sauber zu schreiben. (finden, brauchen)

7. Nach dem ersten Weltkrieg ______________ eine neue, einfachere Schrift, die „Sütterlin-Schrift", in Gebrauch. (kommen)

Created by Elizabeth Garcia /© Cengage Learning.

8. Schon 1941 aber ______________ es die „Deutsche Normalschrift", die lateinische Schrift, die wir heute kennen. (geben)

F. Wortschatz. Setzen Sie die Präteritumsform der richtigen Verben aus der Liste ein.

eilen	**gehen**	**kommen**	**rutschen**
fahren	**humpeln**	**kriechen**	**springen**
fliegen	**klettern**	**rennen**	**stolpern**

1. Die Familie ______________ in den Ferien mit Lufthansa nach Italien.

2. Die Studentin ______________ durch die Stadt, um pünktlich anzukommen.

3. Die Mannschaft ______________ den Berg hoch.

4. Wir ______________ zum Bus, aber wir waren zu spät.

5. ______________ ihr rechtzeitig *(on time)* an?

6. Sie ______________ in das Zimmer, weil sie sich das Bein verletzt hat.

7. Der Käfer *(beetle)* ______________ das Bein des Jungen hoch.

8. Es tut mir Leid, dass ich über Ihren Fuß ______________.

G. Der Alltag. Bilden Sie das Plusquamperfekt.

BEISPIEL um 6 Uhr auf·stehen (er) *Er war um 6 Uhr aufgestanden.*

1. zusammen frühstücken (wir) ______
2. duschen (ihr) ______
3. mit dem Bus fahren (du) ______
4. eine Vorlesung hören (er) ______
5. in der Mensa zu Mittag essen (ich) ______
6. Bücher aus der Bibliothek holen (du) ______
7. im Café Kaffee trinken (sie *sing.*) ______
8. mit Freunden am Abend aus·gehen (Sie) ______
9. neue Freunde kennenlernen (wir) ______
10. ganz spät nach Hause kommen (ich) ______

H. Das hatten wir schon gemacht. Übersetzen Sie die Antworten mit dem Plusquamperfekt.

BEISPIEL Warum bist du gestern nicht mit ins Kino gekommen? *(I had already seen the movie.)*
Ich hatte den Film schon gesehen.

1. Wollen wir dieses Thema besprechen? *(I thought* [Präteritum] *that we had already discussed it.)*

______

______

2. Warum habt ihr gestern nicht in der Mensa gegessen? *(We had already eaten at home.)*

______

3. Warum sind deine Mitbewohner ohne dich einkaufen gegangen? *(I had gone shopping earlier.)*

______

4. Ist sie mit dir nach Hause gelaufen? *(No, she had already driven home.)*

______

5. Wann kam der Krankenwagen an? *(It came after we had already helped the child.)*

______

______

6. Wann klingelte das Telefon? *(It rang just after I had gone to bed* [ins Bett gehen].*)*

______

______

NAME ______________________ DATUM ______________

9

Modal verbs

A. Anders gesagt. Schreiben Sie die Sätze mit den Modalverben in der richtigen Form.

BEISPIEL Timo geht nicht nach Hause. (können) *Timo kann nicht nach Hause gehen.*

1. Kommst du heute Abend mit? (dürfen)

   ____

2. Wissen Sie, ob Ihr Mann morgen mithilft? (können)

   ____

3. Ihr seht euch die Stadt bestimmt an. (wollen)

   ____

4. Warum wiederholt sie sich ständig? (müssen)

   ____

5. Bis wann hast du die Arbeit fertig? (sollen)

   ____

6. Meine Freunde trinken nur schwarzen Kaffee. (wollen)

   ____

7. In Amerika fährt man nicht ohne Sicherheitsgurt *(seat belt)*. (dürfen)

   ____

8. An dem Tag habe ich schon so viel vor: ich weiß nicht, ob ich mitfahre. (können)

   ____

B. Viele Fragen. Beantworten Sie die Fragen. Wenn möglich, lassen Sie den Infinitiv weg.

BEISPIEL Gehst du jetzt ins Bett? (ja; müssen) *Ja, ich muss jetzt ins Bett.*

1. Kommt deine Kusine heute Abend mit? (nein; dürfen)

   ____

2. Spielt ihr Samstag Volleyball? (ja; wollen)

   ____

3. Trinkt deine Mitbewohnerin morgens viel Kaffee? (nein; mögen)

____

4. Spricht dein Professor wirklich sieben Fremdsprachen? (ja; können)

____

5. Sagen sie uns, warum sie das gemacht haben? (ja; müssen)

____

C. Warum nur? Beantworten Sie die folgenden Fragen im Präteritum.

BEISPIEL Warum ist Herr Lenk nach Hause gegangen? (müssen; seine Kinder von der Schule ab·holen)
Er musste seine Kinder von der Schule abholen.

1. Warum sind die Gäste nicht früher gekommen? (können; nicht früher kommen)

____

2. Warum sind Sie so schnell aus dem Hörsaal gelaufen? (müssen; auf Toilette gehen)

____

3. Warum hat Lea diese Stelle angenommen? (wollen; in dieser Stadt wohnen)

____

4. Warum seid ihr nicht ins Computerzentrum gegangen? (dürfen; nicht ins Computerzentrum gehen)

____

5. Warum ist Alexander nicht mitgekommen? (sollen; Hausaufgaben machen)

____

D. „Der Struwwelpeter"*. Setzen Sie das passende Modalverb ein.

BEISPIEL Der Struwwelpeter ließ seine Fingernägel ein ganzes Jahr nicht schneiden. Die *müssen* wohl sehr lang gewesen sein! (dürfen, müssen: Präsens)

1. Der böse Friederich _______________ nicht so gemein *(mean)* sein! (können, sollen: Präteritum)
2. Hans Guck-in-die-Luft _______________ besser aufpassen, wo er hingeht! (müssen, können: Präsens)
3. Die Frau Mama sagt, dass Konrad nicht an seinem Daumen lutschen *(suck his thumb)* _______________. (dürfen, müssen: Präsens)
4. Paulinchen _______________ mit dem Feuerzeug spielen, obwohl sie nicht durfte. (wollen, sollen: Präteritum)
5. Kaspar _______________ keine Suppe essen und er verhungerte. (wollen, dürfen: Präteritum)

From *Der Struwwelpeter* by Heinrich Hoffmann

* **Der Struwwelpeter:** Old German collection of children's morality tales.

6. Philip ______________________ am Tisch nicht still sitzen und er fiel runter.
(sollen, können: Präteritum)

7. Man nennt ihn den fliegenden Robert, weil er trotz des Sturmes nicht nach Hause kommen ______________________. Der starke Wind hat ihn mit seinem Regenschirm davongetragen!
(sollen, wollen: Präteritum)

8. Die Geschichten in diesem Buch sind ziemlich grausam und das Buch ______________________ viele Kinder schon ein bisschen erschreckt haben! (können, mögen: Präsens)

E. Auf Deutsch! Übersetzen Sie die Sätze mit Modalverben.

1. You *(sing. fam.)* must not come too early.

____

2. He knows how to type fast.

____

3. I would like to go home.

____

4. My father does not have to work tonight. (Verwenden Sie zwei verschiedene Konstruktionen.)

a. ____

b. ____

5. They are said to be very poor.

____

6. She claims to know everything better.

____

7. We want you *(sing. fam.)* to visit us in Berlin.

____

F. Ins Perfekt. Schreiben Sie die Sätze ins Perfekt um.

BEISPIEL Ich wollte aufgeben.
Ich habe aufgeben wollen.

1. Wir sollten aufräumen *(clean up)*.

____

2. Ihr konntet nicht hören.

____

3. Sie musste einkaufen.

____

4. Ich mochte nicht zusehen *(watch).*

____

5. Du wolltest lesen.

____

6. Sie durften ausgehen.

____

G. Ins Futur. Bilden Sie Sätze im Futur und mit einem passenden Modalverb.

BEISPIEL nach dem Essen / ich / das Geschirr spülen *(wash the dishes)*
Nach dem Essen werde ich das Geschirr spülen müssen.

1. bei so schönem Wetter / die Studenten / draussen sitzen

____

2. nächstes Jahr / du / ins Lokal mit·kommen

____

3. ohne genug Schlaf / er / nicht klar denken

____

4. mit dem neuen Job / ihr / früher auf·stehen

____

H. Was heißt denn das? Erzählen Sie, was die Schilder bedeuten.

BEISPIEL 

Hier muss man anhalten.

© Shutterstock

1.  ____

© Shutterstock

2. 

____

© Shutterstock

3.  ____

© Shutterstock

4.  ____

© Shutterstock

Reflexive pronouns • Reflexive verbs • *Selbst* and *selber* • *Einander*

A. Reflexivpronomen. Beantworten Sie die Fragen. Verwenden Sie die Reflexivform des Pronomens.

BEISPIEL Waschen Sie den Jungen? (ich) *Nein, ich wasche mich.*

1. Wäscht Paul seinen Hund? (er)

____

2. Wen seht ihr auf dem Bild? (wir)

____

3. Soll ich das Kind auf den Stuhl setzen? (Sie)

____

4. Sollen wir uns umsehen? (ihr)

____

5. Hast du den Kuchen geschnitten? (ich)

____

6. Wer zieht deine Nichte an? (sie *sing.*)

____

7. Hast du ihn geärgert? (ich)

____

8. Fürchten Sie sich vor Schlangen? (ich)

____

B. Auf Deutsch! Übersetzen Sie die Sätze.

1. Even at home he wears a tie.

____

2. Maria changed, but she didn't change her hairstyle **(die Frisur)**.

____

____

3. I would like to take a rest.

4. Did you *(fam.)* catch a cold?

5. We're hurrying!

6. Please take a look at this book. *(you formal)*

7. Can we afford a new car?

8. Did you write this paper **(die Arbeit)** yourself? *(you fam.)*

9. He will think it over.

10. She can't remember my name.

11. We should take note of his face **(das Gesicht)**.

C. Körperpflege. Schreiben Sie die Sätze um.

BEISPIEL Ich ziehe mich an. (die Hose) *Ich ziehe mir die Hose an.*

1. Ich habe schon geputzt! (die Zähne)

2. Rasierst du dich jeden Tag? (die Beine)

3. Warum hast du dich ausgezogen? (die Strümpfe)

4. Schminken *(put on make-up)* Sie sich immer so? (die Augen)

5. Ich muss mich noch kämmen, bevor ich ausgehe. (die Haare)

6. Wir möchten uns waschen. (die Hände)

NAME ______________________________ DATUM ______________

D. Mehr Reflexivpronomen. Vervollständigen Sie die Sätze mit einem Reflexivpronomen im Dativ oder Akkusativ. Nicht alle Sätze sind reflexiv; nicht alle Lücken *(blanks)* werden gefüllt.

BEISPIELE Wir legen ____*uns*____ auf unser Bett.
Sie sehen ____*sich*____ auf dem Bild.

1. Ihr habt ______________ verlaufen.
2. Heute amüsiert ______________ Felix.
3. Morgen langweilen wir ______________.
4. Ich wasche ______________ die Hände.
5. Wir haben ______________ die Fenster geschlossen.
6. Hast du ______________ den Arm gebrochen?
7. Die Welt dreht ______________ um eine Achse *(axis)*.
8. Ich habe es ______________ nochmals überlegt!

E. Wortschatz. Vervollständigen Sie die Sätze.

beschließen	**eine Entscheidung treffen**
entscheiden	**sich entschließen**
sich entscheiden	**den/einen Entschluss fassen**
sich entscheiden für	

1. Ich kann ______________ nicht ______________, ob ich mitfahren soll oder nicht.
2. Nur der Schiedsrichter *(referee)* kann ______________, ob das Tor gilt oder nicht.
3. Ich habe ______________ eine neue Internetfirma zu gründen.
4. Sie hat ______________ ______________ den BMW ______________.
5. Er hat ______________ ______________ ______________ bis zu Weihnachten zehn Kilo abzunehmen.
6. Ich kann doch k______________ ______________ ______________, bevor ich nicht genug Auskunft habe!

F. Auf Deutsch! Übersetzen Sie die Sätze. Verwenden Sie das Perfekt für die Sätze in der Vergangenheit.

1. I baked this cake myself!

____

2. The girl took off her coat by herself.

____

3. You *(formal)* are buying these rings **(der Ring, -e)** for each other?

____

4. Even computers make mistakes **(der Fehler, -)**!

____

5. We should talk with each other.

____

6. Even in the library they laugh so loudly.

____

G. Wortschatz. Übersetzen Sie den folgenden Abschnitt *(paragraph)* ins Präteritum.

I was interested in music and wanted to apply for a position **(die Stelle)** in a music store **(der Musikladen)**. My mother remembered a poster for a position, and my brother inquired about it. I thanked them for the information **(die Auskunft)**. I looked forward to the interview **(das Interview)**. But the bus didn't come and I had to walk. The man in the store complained that I was late **(sich verspäten)**. He occupied himself with a customer **(der Kunde)** and ignored **(ignorieren)** me. I did not get the job. I got very upset about my bad luck **(das Pech)**. One can't always rely on buses!

NAME ______________________ DATUM ______________

11

Infinitives

A. Der frustrierte Bäcker. Bilden Sie Sätze.

BEISPIEL Niklas / an·fangen / gesünder essen (Präteritum)
Niklas fing an gesünder zu essen.

1. Niklas / haben / gestern / keine Zeit / in der Bäkerei ein·kaufen / gehen (Präteritum)

____

2. er / versuchen / selber / ein Brot / backen (Perfekt)

____

3. er / keine Lust haben / jemanden fragen (Perfekt)

____

4. Niklas / vergessen / den Teig gehen lassen *(to let the dough rise)* (Präteritum)

____

5. morgen / Zeit nehmen / in der Bäkerei / ein·kaufen (Futur)

____

6. vor·haben / übermorgen / ein Kochbuch kaufen (Präsens)

____

B. **Verwirrung im Klassenzimmer.** Übersetzen Sie die Sätze.

BEISPIEL Didn't the teacher *(m.)* tell you *(pl.)* what to do?
Hat euch der Lehrer nicht gesagt, was ihr tun sollt?

1. No, but Peter told me what to write.

____

2. Does he know what to do?

____

3. I'll tell you *(pl. fam.)* what to study for the test.

____

4. I don't know whom to believe (**glauben** + dat.)!

____

C. **Der misslungene Besuch.** Verbinden Sie die Sätze.

BEISPIEL Ich belegte dieses Semester in Kiel einen Kurs in Kunstgeschichte *(art history)*. Ich wollte mehr über antike griechische Kunst lernen. (um ... zu)
Ich belegte dieses Semester in Kiel einen Kurs in Kunstgeschichte, um mehr über antike griechische Kunst zu lernen.

1. Ich habe mitgemacht. Ich habe mich aber nicht angemeldet *(registered)*. (ohne ... zu)

____

____

2. Der Kurs gefiel mir so sehr, dass ich jeden Abend Kunstgeschichte gelesen habe. Ich habe meine anderen Hausaufgaben nicht gemacht. (anstatt ... zu)

____

____

3. In den Ferien bin ich sogar nach München gefahren. Ich wollte mir die Glyptothek *(name of museum of ancient Greek art)* an·sehen. (um ... zu)

____

____

4. Meine Eltern fuhren in den Ferien nach Kiel. Sie wollten mich an der Uni besuchen. (um ... zu)

____

____

5. Sie kamen am zweiten Tag der Ferien an. Sie riefen mich vorher nicht an. (ohne ... zu)

____

____

6. Sie sind die ganze Strecke *(the entire way)* gefahren. Sie haben nur eine leere *(empty)* Wohnung vorgefunden. (um ... zu)

____

____

D. Anders gesagt. Schreiben Sie die Sätze um.

BEISPIEL Wir sprechen jeden Tag während des Unterrichts. (sie *sing.* / hören: Präsens)
Sie hört uns jeden Tag während des Unterrichts sprechen.

1. Das Kind weinte sehr laut. (ich / hören: Präteritum)

____

2. Die junge Frau hat den Tauben Torte gefüttert. (die Bürgermeisterin = *female mayor* / sehen: Präteritum)

____

3. Andreas repariert sein Auto. (lassen: Präsens)

____

4. Die Temperatur im Zimmer stieg. (die diskutierenden Leute / spüren: Präteritum)

____

5. Er spielt jeden Abend Klavier. (sie *sing.* / hören: Präsens)

____

6. Sie steigt allein ins Flugzeug ein. (er / sehen: Präteritum)

____

7. Sie entkam dem Krieg. (er / helfen: Präteritum)

____

E. Der Augenzeuge. Übersetzen Sie die Sätze.

BEISPIELE I saw you smoking **(rauchen)** yesterday! (Präteritum + Infinitiv)
Ich sah dich gestern rauchen!

I heard you laughing! (Präteritum + Nebensatz im Perfekt)
Ich hörte, wie du gelacht hast!

1. She felt the water rise **(steigen)**. (Präteritum + Infinitiv)

____

2. We hear children singing. (Präsens + Infinitiv)

____

3. He saw the plane take off **(ab·heben)**. (Präteritum + Nebensatz im Präteritum)

____

4. Do you *(formal)* see the trains arrive? (Präsens + Nebensatz im Präsens)

____

5. Paul watched as his team won the soccer game. (Präteritum + Nebensatz im Präteritum)

____

F. Beim Friseur. Schreiben Sie die Sätze ins Perfekt um, ohne das Partizip zu bilden.

BEISPIELE Ich lasse mir die Haare färben. — *Ich habe mir die Haare färben lassen.*
Anna hat gesehen, wie ich die Farbe auswählte. — *Anna hat mich die Farbe auswählen sehen.*

1. Siehst du diese Änderung nicht kommen?

 ____

2. Viele junge Leute ließen sich die Haare färben. Ich ließ mich auch dazu überreden.

 ____

3. Ich war an dem Tag sehr müde, weil mein Freund mich am Abend zuvor auf ihn warten ließ.

 ____

4. Der Friseur hat gehört, wie ich schnarchte *(snored).*

 ____

G. Der Besuch. Schreiben Sie die Sätze ins Futur um.

BEISPIEL Meine Freundin kommt mich besuchen.
Meine Freundin wird mich besuchen kommen.

1. Ich höre sie auf dem Bahnhof meinen Namen rufen.

 ____

2. Sie glaubt, dass sie schreien muss.

 ____

3. Dann sieht sie mich endlich am Taxistand warten.

 ____

4. Die Leute hören uns reden und lachen.

 ____

5. Dann höre ich sie die Geschichte von ihrer Reise erzählen.

 ____

H. Wortschatz. Setzen Sie die richtige Form des passenden Verbs ein.

BEISPIEL Stefanie ist für eine halbe Stunde *weggegangen*. (verlassen / weg·gehen)

1. ______________ Sie mich nicht! (lassen / verlassen)
2. Ich habe meinen Geldbeutel im Restaurant ______________. (lassen / verlassen)
3. Man soll seinen Hund nicht allein im Auto ______________. (lassen / verlassen)
4. Die Studenten sind vom Internetcafé ______________. (verlassen / weg·gehen)
5. Die Studenten haben das Internetcafé ______________. (verlassen / weg·gehen)
6. Die Studenten haben ihre Taschen in dem Internetcafé ______________. (lassen / verlassen)
7. Sie wollte mit ihm ______________. (verlassen / weg·gehen)
8. Zum Schluss hat sie ihn doch ______________. (verlassen / lassen)

Passive voice

A. Mein Zimmer aufräumen?!? Übersetzen Sie die Sätze. Dann schreiben Sie, welche Funktion von **werden** benutzt wird: *main verb, future tense* oder *passive voice.*

BEISPIEL Bis morgen werde ich mein Zimmer aufräumen.
I will clean my room by tomorrow. (future tense)

1. Mein Zimmer wird immer schmutziger.

   ____

2. Letzte Woche wurde mir gesagt, dass das Zimmer ekelhaft *(disgusting)* sei.

   ____

3. Vielleicht werde ich Putzfrau von Beruf!

   ____

4. Meine ganze Wohnung sollte eigentlich *(actually)* geputzt werden.

   ____

5. Vielleicht wird das von kleinen Feen *(fairies)* in der Nacht gemacht!

   ____

B. Ins Passiv. Bilden Sie Sätze im Passiv.

BEISPIEL Die Stadt repariert diese Brücke.
Diese Brücke wird repariert. [oder] Diese Brücke wird von der Stadt repariert.

1. Man vergisst solche Taten *(deeds)* nicht.

   ____

2. Das Feuer zerstörte das Haus.

   ____

3. Leute fragen mich oft, warum ich grüne Haare habe.

   ____

4. Was ist denn los? Jemand hat dich gestern auf der Polizeistation gesehen.

   ____

5. Man hat die Passagiere gebeten nicht zu rauchen.

____

6. Jemand hat diese Lösung *(solution)* auf das Problem schon vor Jahren vorgeschlagen *(suggested)*.

____

7. Nach jedem Fest lädt man die neuen Fotos hoch.

____

8. Jemand beantwortet die E-Mails für die Pop-Stars so schnell wie möglich.

____

C. ***Von wem, wodurch* oder *womit?*** Schreiben Sie die Sätze um. Benutzen Sie die *agents* in Klammern und wählen Sie die passende Präposition.

BEISPIEL Sobald ich die Stadt verließ, wurde ich vergessen. (meine Freunde)
Sobald ich die Stadt verließ, wurde ich von meinen Freunden vergessen.

1. Die Suppe sollte alle zehn Minuten gerührt werden. (der Löffel)

____

2. Die Stadt wurde wieder aufgebaut. (schwere gemeinsame Arbeit)

____

3. Diese Fotos wurden auf dem Fest gemacht. (Max; sein Handy)

____

4. Dieses Rennen *(race)* wird gewonnen. (die Ausdauer = *perseverance*)

____

5. Die Frau ist ermordet *(murdered)* worden. (ein Unbekannter; ein Messer)

____

6. Unsere Schwierigkeiten wurden verursacht *(caused)*. (die Epidemie)

____

7. „Münchhausen Ohnegleichen“ wurde 1785 geschrieben. (Rudolf Erich Raspe)

____

D. **Anders gesagt.** Drücken Sie die Sätze mit anderen Konstruktionen aus.

BEISPIEL In einem Restaurant wird gegessen. (man)
In einem Restaurant isst man.

1. Dieser Aufsatz muss bis morgen eingereicht *(handed in)* werden. (**sein** + **zu** + Infinitiv)

____

2. Wie wird Ihr Name geschrieben? *(reflexive verb)*

____

3. Kann das Auto repariert werden? (sich lassen)

____

4. Ihre Facebookseite wird leicht gefunden. *(reflexive verb)*

____

5. Wie wird dieses Wort ausgesprochen? (man)

____

6. Der Unfall *(accident)* konnte nicht verhindert *(prevented)* werden. (**sein** + **zu** + Infinitiv)

____

E. Das sollte gemacht werden. Schreiben Sie die Sätze mit einem Modalverb ins Passiv um.

BEISPIEL Viele besuchen die Ausstellung in der Kunsthalle. (sollen: Konjunktiv II)
Die Ausstellung sollte von vielen besucht werden.

1. Eine Flut *(flood)* überschwemmt *(floods)* die Stadt. (können: Konjunktiv II)

____

2. Der Arzt sagt, wir dürfen Mutti jetzt sehen. (Konjunktiv I)

____

3. Er erzählte die wahre Geschichte zuerst. (müssen: Präteritum)

____

4. Wir waschen unsere Hände vor dem Essen. (sollen: Präteritum)

____

5. Der Fremde fotografierte euch vor dem Rathaus. (wollen: Präteritum)

____

6. Das Fernsehpublikum wählt den Sieger von „Deutschland sucht den Superstar" während der Sendung. (müssen: Präsens)

____

F. Auf Deutsch! Übersetzen Sie die Sätze.

1. My apartment is being painted, but his is already painted **(gestrichen)**.

____

2. Will the house be renovated by **(renoviert bis)** next month?

____

3. By which construction company **(das Baugeschäft)** is it being renovated?

____

4. There was lots of celebrating **(feiern)** yesterday. (Passiv: **es**)

____

5. There was a lot of discussing until late at night. (Passiv: **es**)

____

6. No taking pictures **(fotografieren)** in this building.

____

G. Nochmal Passiv. Schreiben Sie die Sätze um. Verwenden Sie entweder Akkusativ- oder Dativobjekte als Element I.

BEISPIEL Jemand stiftete *(donated)* der Uni viel Geld. (Dativ)
Der Uni wurde viel Geld gestiftet.

1. Seine Eltern schenken dem Graduierenden eine Uhr. (Akkusativ)

____

2. Alle Verwandten gratulierten dem jungen Mann. (Dativ)

____

3. Man hörte dem Lehrer kaum zu. (Dativ)

____

4. Wir helfen den Armen nicht genug. (Dativ)

____

5. Meine Professorin hatte mir die Frage schon beantwortet. (Akkusativ)

____

H. Wortschatz: Das Verb *schaffen*. Vervollständigen Sie die Sätze mit der passenden Form des Verbs **schaffen.**

1. Trotz der Hitze haben wir es ______________________.
2. Dieses Haus ist für uns wie ______________________.
3. Wie viele Jahre hat sie in der Fabrik ______________________?
4. Der Künstler hat in seinem Leben über 1000 Gemälde ______________________.
5. Irgendwie ______________________ sie Ruhe im Klassenzimmer. (Präteritum)
6. Der Bäcker ______________________ die Brötchen in den LKW. (Präteritum)

NAME ______________________________ DATUM ______________

13

Adjectives

A. Ein Adjektiv, viele Endungen. Ergänzen Sie die fehlenden Adjektivendungen. Achten Sie auf die Artikel und die Fälle.

1. Du hast aber ein schön__________ Haus.
2. Ich möchte auch in so einem schön__________ Haus wohnen.
3. War dieses schön__________ Haus denn teuer?
4. Schön__________ Häuser sind immer teuer.
5. Mein schön__________ Haus hat mich meine halb__________ Erbschaft gekostet.
6. Aber das schön__________ Haus da drüben ist nicht halb so teuer.
7. Dafür ist es aber auch lange nicht so schön__________ wie mein Haus.

B. Die richtige Endung. Setzen Sie die richtigen Endungen ein.

1. Der freundlich__________ Mann grüßt die nett__________ Frau.
2. Welchen blau__________ Laptop kauft sich die jung__________ Studentin?
3. Mit diesem kaputt__________ Wagen wollt ihr durch das ganz__________ Land fahren?
4. Das riesig__________ *(huge)* Haus gehört jener alt__________ Dame?
5. Jede gut__________ Person hilft solchen krank__________ Menschen.
6. Diese laut__________ Kinder stören jene müd__________ Patienten.
7. Aus welchem fern__________ *(distant)* Ort kommt mancher reich__________ Prinz?
8. Außerhalb des ruhig__________ Dorfes fährt man mit diesem alt__________ Fahrrad.
9. Innerhalb der groß__________ Stadt läuft man wegen der eng__________ Straßen.
10. Während des heiß__________ Sommers schwimmen wir oft.

C. Münchhausen im Schnee. Setzen Sie die Adjektive mit den richtigen Endungen ein.

BEISPIEL Der *abenteuerliche* Herr Münchhausen wollte eine *lange* Reise nach Russland machen. (*adventurous* = abenteuerlich; *long*)

1. Er wollte mitten im Winter reisen, um nicht in dem ______________ Matsch (*mud*) stecken zu bleiben (*to get stuck*). (*wet*)
2. Das ______________ Wetter in diesen ______________ Gebieten hat er aber vergessen. (*cold; northern* = nördlich)
3. Mit der ______________ Jacke, die er mitgebracht hatte, war es ihm zu kalt. (*thin*)
4. Er musste wegen des ______________ Wetters in einem Feld außerhalb des ______________ Waldes anhalten. Das Feld war mit Schnee bedeckt (*covered*). (*bitterly cold; dark*)
5. Er band (*tied*) sein Ross (*steed*) an einer Baumspitze fest und schlief neben dem ______________ Pferd ein. (*nervous*)
6. Während der ______________ Nacht wurde es wärmer und der ______________ Schnee schmolz (*melted*), bis das ______________ Dorf, das zugeschneit (*snowed over*) war, wieder erschien. (*long; deep; small*)

7. Als er aufwachte, hörte er das ______________ Pferd wiehern (*whinnying*). Die Baumspitze, an der es festgebunden war, war keine Baumspitze, sondern ein Kirchturm (*church tower*)! (*frightened* = erschrocken)
8. Die ______________ Einwohner sahen zu, als Münchhausen die ______________ Leine (*leash*) entzweischoss (*shot in two*). (*amazed* = erstaunt; *thin*)
9. Er dankte den ______________ Leuten für den ______________ Beifall (*applause*). Die Beiden reisten dann weiter. (*nice, enthusiastic* = begeistert)

D. Die Erkältung. Setzen Sie die Adjektive in Klammern mit den richtigen Endungen ein.

BEISPIEL Mein *kleiner* Bruder ging nach Hause. (*little*)

1. Sein ______________ Freund Max musste auch nach Hause. (*best*)
2. Sie hatten beide eine ______________ Erkältung. (*here: bad* = stark)
3. Für uns war das keine ______________ Überraschung. (*big*)
4. Sie hatten am Wochenende draußen im Schnee hinter unserem ______________ Haus gespielt. (*small*)
5. Natürlich hatten sie ihre ______________ Mäntel vergessen. (*warm*)
6. Unsere ______________ Schwester brachte ihnen ihre Mäntel, aber da war es schon zu spät. (*big*)
7. Ihre ______________ Hemden waren schon ganz nass vom Schweiß (*sweat*). (*thin*)

8. Als sie dann wieder ins Haus kamen, wollten sie auch kein ________________ Essen. *(warm)*

9. Sie liefen sofort zum Fernseher, um ihre ________________ Lieblingssendung zu schauen. *(new)*

10. Das haben wir alles unserer Mutter erzählt, aber Max hat seiner ________________ Mutter nichts gesagt. *(poor)*

11. So war es für sie schon eine Überraschung, als er mit einer ________________ Erkältung nach Hause kam. *(bad)*

E. Münchhausen auf der Jagd. Setzen Sie die richtigen Endungen ein.

1. In Russland kaufte sich Münchhausen einen klein________ Schlitten *(sled)*.
2. In einem endlos________ dunkl________ Wald wurde sein arm________ Pferd unruhig *(restless)*.
3. Ein groß________ Wolf *(m.)* war hinter ihm.
4. Da er keine Zeit zum Überlegen hatte, konnte Münchhausen sein tapfer________ *(valiant)* Pferd nicht retten *(save)*, und es wurde von dem Wolf gefressen.
5. Die Leute in Sankt Petersburg sahen zum ersten Mal einen schnell________ Schlitten, der von einem groß________ bös________ Wolf gezogen wurde.
6. Während einer kurz________ Jagd *(f., hunt)* sah Münchhausen einige wild________ Enten *(ducks)* an einem schön________ ruhig________ See.
7. Er wollte eine fett________ Ente fangen *(catch)* und hatte eine gut________ Idee. Er wollte sie mit einer lang________ Schnur *(f., string)* fangen.
8. Er band ein klein________ Stück *(n.)* Schinken an die Schnur und wartete. Als er die Ente gefangen hatte, kochte er ein lecker________ Mittagessen.

F. Noch mehr Endungen. Setzen Sie die richtigen Endungen ein.

BEISPIEL Dieser Bursche hat besonders schön<u>e</u>________ Augen.

1. Wirklich weis________ Menschen sind selten.
2. Ich esse sehr gern frisch________ Fisch *(m.)*.
3. Bei kalt________ Wetter soll man heiß________ Schokolade trinken.
4. Warm________ Bier schmeckt nicht.
5. Der Geruch *(smell)* roh________ Fleisches *(n.)* macht ihn krank.
6. Heiß________ Kaffee macht munter.
7. Ich habe kein Vertrauen zu *(dat.)* klug________ Politikern.
8. Möchten Sie meine Sammlung alt________ Bücher sehen?
9. Lehrer schreiben oft mit rot________ Tinte.

G. Weitere Abenteuer! Schreiben Sie die Sätze mit den richtigen Adjektivendungen.

BEISPIEL Münchhausen traf einen Hirsch *(buck)* (stattlich- = *imposing*).
Münchhausen traf einen stattlichen Hirsch.

1. Er hatte keine Kugeln *(bullets)* (normal-), aber sein Kopf war voll Ideen (gut-)!

2. Er schoss den Hirsch (mutig- = *courageous*) mit einem Kirschkern *(cherry pit)* (trocken-, hart-), aber der Hirsch (stark-) lief davon.

3. Jahre später sah Münchhausen einen Hirsch (prächtig- = *magnificent*).

4. Der Hirsch (schön-) hatte einen Kirschbaum (voll-) zwischen seinem Geweih *(antlers)* (groß-).

5. Am Tag (nächst-) jagte Münchhausen einen Hasen (blitzschnell-) mit Beinen (lang-).

6. Ein Hund (treu-) half dem Jäger (deutsch-) den Hasen (achtbeinig-) zu fangen.

7. Der Baron aß Hasenfleisch (gebraten-) und Bohnen (grün-) zum Abendessen.

8. In der Woche (nächst-) traf der Mann (kühn- = *audacious*) einen Hund (toll = *here: crazy, rabid*), der Zähne (groß-) hatte, in einer Gasse *(alley)* (Petersburg-).

9. Um dem Hund (verrückt-) zu entkommen *(escape)*, warf der Münchhausen (ängstlich-) seinen Mantel (groß-) auf die Straße (dreckig- = *dirty*).

10. Und so wurde der Mantel (schön-) der Mantel (erst-), der Hundetollwut *(rabies)* bekam, und er fraß die Kleider (meist-) in Münchhausens Kleiderschrank.

NAME ______________________________ DATUM ______________

H. Auf Deutsch! Übersetzen Sie die Sätze.

1. The politician was proud of his many good ideas.

   ____

2. This lilac shirt **(das Hemd)** has a great collar **(der Kragen)**.

   ____

3. I'm very excited about our new apartment.

   ____

4. Students travel through all of Europe.

   ____

5. We'll arrive in the Hamburg train station in a half hour.

   ____

6. I have seen all of the United States (**die Vereinigten Staaten,** *pl.*).

   ____

7. My friend is angry at her older brother.

   ____

8. The tired soccer players want to drink good, cold German beer now.

   ____

I. Wer war Münchhausen? Setzen Sie die fehlenden Endungen ein.

1. Unterwegs nach Ägypten traf Münchhausen einig_______ interessant_______ Typen *(characters)* und nahm all_______ die nützlich_______ *(useful)* Menschen mit.
2. All_______ toll_______ *(here: fantastic)* Geschichten von Münchhausen erzählen von sein_______ viel_______ unglaublich_______ Abenteuern *(experiences).*
3. Trotz sein_______ nur kurz_______ Schulzeit hatte er viel_______ gut_______ Ideen.
4. Das wenig_______ Geld, das er hatte, war genug, weil er viel_______ reich_______ Freunde hatte.
5. Er hatte nur wenig_______ Mühe *(f., difficulty)*, mehrer_______ schön_______ Frauen zu gewinnen. Mit ander_______ Worten: er war ein Schürzenjäger *(lady's man)*!
6. Die viel_______ neidisch_______ *(jealous)* Männer dieser Frauen mochten ihn gar nicht! Mit viel_______ Ärger haben sie ihre Frauen von ihm zurückgewonnen.
7. Er erlebte *(experienced)* nur ganz wenig_______ schlimm_______ Niederlagen *(defeats)*, oder vielleicht hören wir nur von sein_______ viel_______ abenteuerlich_______ Erfolgen!

NAME ______________________ DATUM ______________

14

Adverbs

A. Auf Deutsch! Drücken Sie die Sätze auf Deutsch aus.

1. Max e-mails me often.

____

2. The train never arrives from the right.

____

3. I hardly study **(lernen)** for this course.

____

4. On this webpage, the ads **(Anzeigen)** always come to the front.

____

5. Now and then, Paul sends me pictures.

____

6. The children are playing over there.

____

7. We carried the sofa out of the room.

____

8. After much debating they bought the cell phones.

____

9. Did he say "come in!" or "go out!"?

____

10. The cat asked Alice where she came from and where she was going.

____

B. Anders gesagt. Schreiben Sie die Sätze mit Adverbien um.

BEISPIEL Es ist **erstaunlich,** dass er erst jetzt kommt.
Erstaunlicherweise kommt er erst jetzt.

1. Sie trafen sich in **Paaren.**

____

2. Wir haben **Glück** gehabt, dass wir den Zug nicht verpasst haben.

____

3. Es ist **möglich,** dass sie schon morgen früh ankommt.

____

4. Es tut mir **Leid.** Mein Freund ist nicht hier.

____

5. Sie ist eine **ausgezeichnete** Schachspielerin. (*use* **spielen**)

____

6. Millionen von Menschen nahmen die Mauer in **Stücken** auseinander.

____

7. Es war schon eine **Überraschung**, dass die Demonstrationen friedlich abliefen.

____

8. Am **Ende** kamen wir in Magdeburg an.

____

C. Wann? Wie? Wo? Setzen Sie die fehlenden Adverbien ein und bringen Sie die Satzteile in die richtige Reihenfolge *(order)*. Beginnen Sie jeden Satz mit dem fett gedruckten Satzteil.

BEISPIEL **Sie kam** an. *(yesterday / in the train station / at eight o'clock PM)*
Sie kam gestern um zwanzig Uhr am Bahnhof an.

1. Wir liefen. *(quickly / into the city /* ***after the lecture****)*

____

2. Oma trifft sich. *(****am liebsten*** */ at four / afternoons / with her friend [f.])*

____

3. Er schnarcht *(snores)*. *(loudly /* ***in the evening*** */ in front of the television)*

____

4. Maria baute die Webseite auf. *(last week / piece by piece /* ***slowly****)*

____

5. Luca konnte hören. *(yesterday evening / hardly /* ***unfortunately****)*

____

NAME ________________________________ DATUM ________________

6. Paulina arbeitet. *(at her desk / **this summer** / diligently / every day)*

____

7. **Florian** zieht sich um. *(in the corner / quickly / now)*

____

8. Wir rufen dich an. *(**tomorrow** / in the office / at three / with our questions)*

____

D. Der fleißige Jan. Setzen Sie in jeden Satz das passende Adverb ein.

BEISPIEL Jan kommt nie mit uns mit; ______*dennoch*______ lade ich ihn jede Woche ein. (stattdessen, dennoch)

1. Er hat keine Zeit und kann ____________ nicht mitkommen. (dennoch, deshalb)
2. ____________ hat er den Film schon gesehen. (trotzdem, außerdem)
3. Ich habe den Film auch schon gesehen und ____________ komme ich heute Abend mit. (trotzdem, daher)
4. Der Film hat mir gut gefallen; ____________ will ich ihn mir ein zweites Mal ansehen. (dennoch, deswegen)
5. Jan will ____________ zu Hause bleiben und lernen. (stattdessen, darum)
6. ____________ hat er bessere Noten als ich! (trotzdem, daher)

E. Wortschatz. Setzen Sie in jeden Satz das passende Wort ein.

BEISPIEL ______*Zuerst*______ muss ich das mit meinen Mitbewohnern *(housemates)* besprechen. (vor kurzem, zuerst)

1. ____________ sollten wir lieber noch nichts kaufen. (vorher, damals)
2. Sie sind leicht beleidigt und ____________ warten wir lieber mit den großen Plänen. (dennoch, deswegen)
3. Wir können uns ____________ schon mal überlegen, wen wir einladen. (damals, dennoch)
4. ____________ haben wir uns gut verstanden *(got along)*, aber ____________ habe ich die Küche nicht geputzt und ____________ sind sie jetzt böse auf mich. (anfangs, darum) / (bis dahin, neulich) / (einst, deshalb)
5. ____________ habe ich ____________ vergessen die Miete *(rent)* zu bezahlen. (zunächst, außerdem) / (noch, daher)
6. ____________ haben sie mich auch verklagt *(brought charges against)*, aber wir sollten das Fest am Freitag ____________ feiern. (inzwischen, dennoch) / (stattdessen, trotzdem)

F. Die Mauer. Beginnen Sie die Sätze mit dem fett gedruckten Satzteil.

BEISPIEL Die Mauer ist **am 9. November** friedlich gefallen.
Am 9. November ist die Mauer friedlich gefallen.

1. Die Leute tanzten **an diesem berühmten Abend** fröhlich auf der Mauer.

   ____

2. Die Menschen sprachen einander **in den Tagen danach** in den Straßen spontan an.

   ____

3. Man sah die Bilder der Demonstrationen **monatelang** im Fernsehen.

   ____

4. Es war **möglicherweise** eines der wichtigsten Ereignisse des 20. Jahrhunderts.

   ____

15

Comparative and superlative

A. Immer besser. Bilden Sie Sätze mit dem Komparativ.

BEISPIEL Diese Nachbarschaft ist laut. *(my dorm)*
Mein Wohnheim ist noch lauter.

1. Meine Freundin schreibt oft. *(your [sing. fam.] parents)*

____

2. Dirk kann gut schwimmen. *(Martin)*

____

3. Der Winter in Karlsruhe ist kalt. *(in Kiel)*

____

4. Mein Blutdruck *(blood pressure)* ist hoch. *(you)*

____

5. Die Preise sind hier so günstig *(affordable)*. *(in the city)*

____

6. Nico isst Leberkäse *(a southern German specialty)* gern. *(Lisa)*

____

7. Diesen iPod finde ich schön. *(this one here)*

____

8. Der Solist ist sehr gut. *(the orchestra =* **das Orchester***)*

____

9. Ihr Rock ist kurz. *(my skirt)*

____

10. Die Mittagspause kann schon langweilig sein. *(work)*

____

B. Unterwegs in Europa. Beantworten Sie die Fragen mit dem Komparativ.

BEISPIEL Wart ihr nur kurze Zeit in Europa? *(longer period of time)*
Nein, wir waren längere Zeit in Europa.

1. Habt ihr alles gesehen, was ihr sehen wolltet? *(to need* [im Präteritum] / *more time)*

   ____

2. Was empfehlt ihr meiner Kusine, die auch eine Europareise plant? *(more quiet* = **die Ruhe** / *less traveling* = **das Herumreisen***)*

   ____

3. Was für Kleidung sollte man zu dieser Jahreszeit mitnehmen? *(warmer clothes)*

   ____

4. Wie viel soll man einpacken? *(the less, the better)*

   ____

5. Welche Städte gefielen euch am besten? *(the more beautiful cities)*

   ____

6. Mit wem seid ihr gereist? *(our older children)*

   ____

7. Mit welchem Zug seid ihr gefahren? *(the faster train)*

   ____

8. Was macht ihr nächstes Jahr? *(to take / a longer vacation)*

   ____

C. Auf Deutsch! Übersetzen Sie die Sätze.

1. Do they have as much homework as we do?

   ____

2. Hanna had less homework last night than we did.

   ____

3. This course **(der Kurs)** is getting more and more difficult.

   ____

4. Last semester **(das Semester)** it was just as hard as now.

   ____

5. Was the professor *(m.)* as demanding **(anspruchsvoll)** as Professor Frank?

   ____

6. Yes, but he was not quite as unfriendly as Professor Frank.

   ____

NAME ______________________ DATUM ______________

D. Fragen. Beantworten Sie die Fragen mit ganzen Sätzen.

BEISPIEL Wie viele Stunden am Tag sollte man fernsehen? *(the fewer, the better)*
Je weniger Stunden man fernsieht, desto besser.

1. Wie findet er die Landschaft *(landscape)* hier an der Elbe? *(prettier than he thought* [im Präteritum]*)*

   ____

2. Was für Gerichte *(dishes)* schmecken Ihnen? *(the spicier* **[scharf]**, *the better it tastes)*

   ____

3. Kann Jörg rudern *(row)*? *(better than Florian)*

   ____

4. Macht er Fortschritte *(progress)*? *(rows faster and faster)*

   ____

5. Wie gefällt dir mein Blog? *(The more I read it, the more I like it.)*

   ____

6. Wie viele Männer sprechen die Frau in Café an? *(the more, the better)*

   ____

7. Machen sich ihre Eltern Sorgen? *(the more she talks about the café)*

   ____

8. Gefällt ihr die Arbeit? *(likes it less and less)*

   ____

E. Alles Superlativ! Schreiben Sie die folgenden Aussagen mit den Superlativformen um. Denken Sie dabei an die Artikel dafür!

BEISPIEL Du erzählst witzige Geschichten.
Du erzählst die witzigsten Geschichten!

1. Große Fische findet man in der See.

   ____

2. Für den Winter kaufte er sich einen warmen Mantel.

   ____

3. Montag war ein heißer Tag.

   ____

4. Auf dem Land sind die Nächte dunkel.

   ____

5. Susanne hat spannenden Nachrichten!

6. Leon hat gut gespielt.

7. In der Schweiz sieht man schöne Berge.

8. Sie trägt eine teure Armbanduhr.

9. Wer von den Frauen im Café hat viele Freunde?

10. Der Typ in der Ecke ist wohl interessant.

11. Der Coach setzt seine vielversprechenden Spieler ein.

F. **Auf Deutsch!** Übersetzen Sie die Sätze.

1. He has the most beautiful eyes of all.

2. Do most Germans speak English?

3. Who can sing the loudest?

4. They find our answers highly questionable **(fragwürdig)**.

5. She drives fastest on the highway **(die Autobahn)** and slowest in the city.

6. Do you *(formal)* see the somewhat older gentleman on the corner?

7. Most of all he likes to go for a walk on the beach **(am Strand)**.

8. Marianne can throw the ball the farthest.

NAME ______________________________ DATUM ______________

G. **Wortschatz.** Vervollständigen Sie die Sätze mit dem passenden Wort aus der Liste.

Güte	**Höhen**	**Nähe**	**Tiefe**
Härte	**Kürze**	**Schwäche**	**Wärme**

1. Sie zeigte uns ihre ______________________, indem sie unsere Entschuldigung annahm *(accept)*.
2. Ich wohne ganz in der ______________________ von der Arbeit und kann also zu Fuß gehen.
3. Die ______________________ hier im Süden tut mir sehr gut.
4. Er hat trotz seiner ______________________ gewonnen.
5. Die ______________________ von diesem See ist erstaunlich.
6. Ich habe Angst vor ______________________, deshalb bleibe ich lieber hier unten.

NAME ______________________ DATUM ______________

16

Adjectival nouns • Participial modifiers

A. **Wer? Wen? Wem?** Beantworten Sie die Fragen mit Adjektivsubstantiven. Antworten Sie zweimal: **a. mit bestimmten Artikel** und **b. mit unbestimmtem Artikel.** Beachten Sie die Präpositionen.

BEISPIEL An wen sollte er seine Fragen stellen? (fremd, *f.*)
a. *An die Fremde.* b. *An eine Fremde.*

1. Wem möchten Sie helfen? (arbeitslos, *m.*)

   a. ______________ b. ______________

2. Wer hat Ihnen dieses Formular gegeben? (angestellt, *m.*)

   a. ______________ b. ______________

3. Wer spielte mit im Theaterstück? (taub = *deaf, f.*)

   a. ______________ b. ______________

4. Mit wem hat sie gesprochen? (wahnsinnig = *insane, m.*)

   a. ______________ b. ______________

5. Von wem erzählte sie wem? (reisend, *m.*; bekannt, *f.*)

   a. ______________.

   b. ______________.

6. Wessen Haus ist das? (verwandt, *pl.*) (Verwenden Sie **mein-** für Teil b.)

   a. Das ist das Haus ______________.

   b. Das ist das Haus ______________.

7. Wem verdankt er sein Essen? (verwandt, *pl.*) (Verwenden Sie **sein-** für Teil b.)

   a. ______________ b. ______________

B. Auf Deutsch! Übersetzen Sie die Sätze. Wenn möglich, verwenden Sie Adjektivsubstantive.

1. Few grown-ups come to **(zu)** these parties.

2. We're helping strangers.

3. Did you *(formal)* see the German woman?

4. My fiancé *(m.)* is leaving me **(verlassen)** for (*here:* **wegen**) another woman.

C. Anders gesagt. Schreiben Sie die Sätze um, indem Sie Adjektivsubstantive verwenden.

BEISPIEL Lili will nur die besten Sachen im Leben haben.
Lili will nur das Beste im Leben haben.

1. Mephisto will böse Taten *(deeds)* tun, aber er schafft *(here: to bring about)* immer gute Sachen.

2. Heute hat Tim schlechte Nachrichten gehört. (etwas)

3. Die Studenten haben besondere Dinge für den Abend vor.

4. Nun haben wir schon alles gelesen, was an diesem Kurs interessant ist.

5. Nach einer Reise hat man immer viele neue Geschichten zu erzählen.

6. In der Zeitung hat es nur wenige wichtige Berichte gegeben.

7. Julia brachte ein leckeres Gericht *(dish)* zum Fest. (etwas)

8. Er will nichts in sein Blog schreiben, was falsch ist.

9. Die Politik ist etwas, was ihn verwirrt.

NAME ______________________________ DATUM ______________

D. Der Alltag. Schreiben Sie die Sätze mit Partizipialkonstruktionen um.

BEISPIEL Zum Frühstück esse ich Eier. (kochen)
Zum Frühstück esse ich gekochte Eier.

1. Dann ziehe ich mir ein Hemd an. (bügeln)

____

2. Dann füttere ich meinen Hund. (verwöhnen)

____

3. Dann fahre ich mit meinem Fahrrad an die Uni. (reparieren)

____

4. Dem Professor gebe ich meine Hausaufgaben. (fertig schreiben)

____

5. Zu Mittag esse ich mein Brot. (einpacken)

____

6. Am Abend esse ich ein Gericht *(dish).* (selbst machen)

____

7. Danach sammele ich meine Wäsche ein. (herumliegen)

____

8. Endlich falle ich in mein Bett. (frisch beziehen = *change sheets*)

____

E. Literarisches. Verbinden Sie die Sätze, indem Sie erweiterte Partizipialkonstruktionen verwenden.

BEISPIEL Der blinde Professor kann die Texte schneller verstehen, wenn sein Assistent sie vorliest.
Der blinde Professor kann schneller die von seinem Assistenten vorgelesenen Texte verstehen.

1. Edgar Wibeau genoss *(enjoyed)* das Buch. Goethe hat das Buch vor 200 Jahren geschrieben.

____

____

2. Tristan verliebte sich in Isolde. Isolde war mit seinem König Marke verlobt.

____

____

3. Wir ehren *(honor)* den Dichter Thomas Mann auf diesem Fest. Er wurde 1875 in Lübeck geboren und emigrierte 1933 in die Schweiz.

____

____

F. **Diesmal auf Englisch!** Übersetzen Sie die Sätze.

1. „Die meisten der durch das Buch geknüpften *(here: made)* Kontakte werden diese Arbeit sicherlich *(surely)* überleben *(survive)*." [Quelle: Alice Schwarzer: „Der kleine Unterschied"]

____

____

2. „Der Hut hing ihr an seinen zusammengeknüpften Bändern *(knotted strings)* über dem einen Arm." [Quelle: Thomas Mann: „Tonio Kröger"]

____

____

3. „[...] die große von gefärbtem Glas gearbeitete Rose in der Kirche [...] glühte *(glowed)*, [...]" [Quelle: Heinrich von Kleist: „Das Erdbeben in Chili"]

____

____

4. „Aber am Tag spielte sie auf dem Tisch, auf den die Frau einen mit Wasser gefüllten und mit Blumen bekränzten *(garnished)* Teller gestellt hatte." [Quelle: Hans Christian Andersen: „Däumelinchen"]

____

____

G. **Wortschatz.** Setzen Sie die richtige Form des passenden Verbs aus der Liste ein. Nicht alle Verben passen und manchmal passt auch mehr als ein Verb aus der Liste.

entdecken	**fest·stellen**	**lernen**
erfahren	**heraus·finden**	

1. Wir haben aus den Nachrichten von dem Brand ______________________.
2. Man hat zuerst gedacht, dass das Haus leer war, aber leider hat die Feuerwehr im Haus zwei Tote ______________________.
3. Man ______________________ dass der Brand angezündet worden war. (Präteritum)
4. Die Polizei muss aber noch ______________________ wer es getan hat.

NAME ______________________ DATUM ______________

17

Personal, indefinite, and demonstrative pronouns

A. Im Restaurant. Setzen Sie das passende Personalpronomen ein.

BEISPIEL Gehen wir zum Restaurant an der Ecke. Wie heißt ___*es*___ nochmal?

1. Ich glaube, ____________ heißt „Zum Goldenen Lamm".
2. Ja, das stimmt! Anna hat mal dort gearbeitet. Ist ____________ noch da?
3. Nein, ____________ arbeitet jetzt in der Buchhandlung.
4. Hat es ____________ im Restaurant nicht gefallen?
5. Ich glaube, der Rauch war zu viel für ____________.
6. In der Buchhandlung darf ____________ ja nicht rauchen.
7. Eben. Ach, da ist ja nur ein freier Tisch. Wollen wir ____________ nehmen?
8. ____________ steht aber so nah an der Tür!
9. Wo ist der Kellner? Vielleicht kann ____________ ____________ irgendwo anders hinschieben *(push)*.
10. Entschuldigung, können ____________ uns vielleicht helfen?
11. Hallo, David! ____________ bist es! Hallo, Sophie! Was braucht ____________?
12. Hallo, Daniel! Kannst ____________ diesen Tisch für uns weiter weg von der Tür schieben?
13. Ja, klar doch! Kein Problem! Wie geht's ____________ denn?

B. Ein Salat. Beantworten Sie die Fragen mit dem passenden Pronomen.

BEISPIEL Hast du die Tomate schon geschnitten *(cut)*? (nein / noch nicht)
Nein, ich habe sie noch nicht geschnitten.

1. Wo hast du die Gurken *(cucumbers)* hingetan? (in den Kühlschrank)

   ____

2. Magst du grüne Paprikaschoten *(green peppers)* im Salat? (ja / gern essen)

   ____

3. Jetzt finde ich die Schüssel *(serving bowl)* nicht! (im Esszimmer / wohl / sein)

   ____

4. Gibst du mir den Löffel? (nicht haben)

____

5. Ach! Nun brauche ich das Messer wieder! (im Waschbecken [*sink*] liegen)

____

6. Hoffentlich wird der Salat was! (werden / allen schmecken)

____

C. Anders gesagt. Schreiben Sie die Sätze um, indem Sie den fett gedruckten Satzteil mit dem Indefinitpronomen ersetzen.

BEISPIEL **Es soll** Gespenster *(ghosts)* in dem Haus geben. *(one says)*
Man sagt, dass es Gespenster in dem Haus gibt.

1. Die Verwaltung *(management)* sollte **uns** das sagen. *(one)*

____

2. **Alle Leute** wissen, was eigentlich passiert ist. *(everyone)*

____

3. **Ein unbekannter Mensch** hat ihr Blumen geschickt. *(someone)*

____

4. In der Fußgängerzone *(pedestrian zone)* **gibt es** schöne Cafés. *(one finds)*

____

5. Ich habe von **einem anderen Freund** gehört. *(someone else)*

____

6. Habt **ihr alle** die Hausaufgaben nicht gemacht? *(no one)*

____

7. **Eine Person, die** dich sehen wollte, kam gestern an die Tür *(someone who . . .)*

____

D. Neu eingezogen. Setzen Sie die richtige Form des Indefinitpronomens ein.

BEISPIEL In dieser Stadt kennen wir ___*niemand(en)*___. *(nobody)*

1. Es dauert eine Weile, bis ____________________ sich eingewöhnt *(settles in)*. *(one)*
2. ____________________ hat uns einen Stadtplan gegeben. *(someone)*
3. Wir fragten ____________________, wo der Bus anhält. *(someone else)*
4. ____________________ wollte wissen, woher wir kommen. *(no one)*
5. Irgendwie weiß es schon ____________________. *(everyone)*
6. Jeden Tag besucht uns ____________________. *(someone else)*
7. Wir wissen nicht, ob uns ____________________ mag. *(anyone)*
8. ____________________ redet mit uns. *(nobody)*

NAME ______________________ DATUM ______________

E. Welche? Beantworten Sie die Fragen mit Demonstrativpronomen.

BEISPIEL Mit welchem Motorrad sind Sie gefahren? *(this one [here])*
Ich bin mit dem hier gefahren.

1. Welche Fotos finden Sie schöner? *(these [here])*

____

2. Welchen Laptop magst du lieber? *(that one [there])*

____

3. In welchen Cafés gibt es Maronischnitten *(chestnut pastries)*? *(those [there])*

____

4. Welches Bier schmeckt besser? *(this one [here])*

____

5. Auf welcher CD ist dieses Lied? *(this one [there])*

____

6. In welchem Restaurant hat sie gearbeitet? *(that one [there])*

____

F. Der Freundeskreis. Beantworten Sie die Fragen, indem Sie jeden Satz mit einem Demonstrativpronomen beginnen.

BEISPIEL Siehst du Philip heute? (eben gerade [*just*] / sehen: Perfekt)
Den habe ich eben gerade gesehen.

1. War die Sara auch dabei? (nicht dabei / sein) (Perfekt)

____

2. Hast du Laura gesehen? (mit / gestern / einkaufen gehen: Perfekt)

____

3. Und wo ist Lukas? (nicht mehr / an der Uni / sein: Präsens)

____

4. Was hast du mit Philip gemacht? (mit / zur Vorlesung gehen: Präteritum)

____

5. Und danach habt ihr Lisa und Katharina getroffen? (mit / in der Bibliothek / lernen: Perfekt)

____

6. War der Felix nicht dabei? (nein / arbeiten müssen: Präteritum)

____

G. Auf Deutsch! Übersetzen Sie die Sätze mit Demonstrativpronomen.

1. Lisa and Georg play golf, too. I often play with them.

____

2. Tobias gave Luca his (Luca's) watch back. (Präteritum)

____

3. Stefan is planning a party for Alexander in his (Alexander's) apartment.

____

4. David is making Niklas a table in his (David's) garage.

____

5. Heike and Udo are swimming with friends in their (the friends') pool **(das Schwimmbecken)**.

____

H. Immer dasselbe. Vervollständigen Sie die Sätze mit der richtigen Form von **derselb-**.

BEISPIEL Die Hühner und die Gänse *(geese)* laufen um ____*dasselbe*____ Haus.

1. Meine Eltern stellen immer wieder ____________ Fragen.
2. Diese Schlüssel passen beide zu ____________ Auto.
3. ____________ Torwart ist dreimal heruntergefallen.
4. ____________ Mannschaft hat die Weltmeisterschaft dreimal gewonnen.
5. Wir lieben ____________ Frau!
6. Wir waren Austauschschüler in ____________ Stadt.
7. Jetzt studieren wir an ____________ Uni!

I. Wortschatz. Vervollständigen Sie die Sätze mit einem passenden Wort aus der Liste.

ein ander-	**noch ein-**
erst	**nur**

1. Dieser Wein schmeckt mir nicht. Bestellen wir doch ____________.
2. Dieser Wein ist prima. Bestellen wir doch ____________ Flasche!
3. Bis jetzt haben wir keine Zeit gehabt. Wir sind ja ____________ heute Morgen angekommen!
4. Beeilt euch, ihr habt ja ____________ bis heute Abend!
5. Dieses Hemd passt mir nicht. Hol' mir bitte ____________.
6. Diese Erdbeeren schmecken lecker! Kaufen wir doch ____________ Schachtel!

Relative pronouns

A. Auf Tournee *(on tour)*. Schreiben Sie die beiden Sätze in einen Relativsatz um.

BEISPIEL Michelle spielt in einem Orchester. Das Orchester reist jedes Jahr nach Ulm.
Michelle spielt in einem Orchester, das jedes Jahr nach Ulm reist.

1. Sie hat eine Trompete. Diese Trompete ist zweimal so alt und halb so schön wie sie.

____

____

2. Dieser Dirigent *(conductor)* ist in der ganzen Welt berühmt. Er kommt aus Spanien.

____

____

3. Das Orchester spielt in vielen Ländern. Diese Länder liegen nicht alle in Europa.

____

____

4. Die Städte sind die Hauptstädte Europas. Das Orchester spielt oft in diesen Städten.

____

____

5. Michelle sitzt neben einem jungen Mann. Ich habe ihn vor zwei Jahren getroffen.

____

____

6. Das ist der gemeinsame Bekannte. Diesem Bekannten habe ich mein Auto verkauft.

____

____

7. Dieser Bekannte hat eine Freundin. Jetzt gehört dieser Freundin das Auto.

____

____

8. Sie spielt auch in diesem Orchester. Diesem Orchester wurde ein Preis verliehen.

____

____

B. **Was für ein ...** Vervollständigen Sie die Sätze auf Deutsch.

BEISPIEL Ich suche einen Menschen ... *(who needs me, whom I can love, and whom I can dance with)*
Ich suche einen Menschen, der mich braucht, den ich lieben (kann) und mit dem ich tanzen kann.

1. Sie sind eine Frau, ... *(who works hard, whom I can work for, and whom I trust* [**vertrauen** + *dat.*]*)*

____

____

2. Ich besuche meinen Onkel, ... *(whom I told you about, whom I haven't seen for* [**seit**] *years, and who lives in Merzhausen)*

____

____

3. Sie wohnt in dem Haus, ... *(that has many windows, that we saw yesterday, and in which I also live)*

____

____

4. Die Polizei sucht Menschen, ... *(who drive Mercedes, whom the woman knew well, and about whom one doesn't know much)*

____

____

5. Am besten finde ich Professoren, ... *(who are funny, from whom one can learn a lot, and whom one can understand)*

____

____

C. **Wessen?** Schreiben Sie die beiden Sätze in einen Relativsatz um.

BEISPIEL Kennst du unsere Nachbarin? Ihr Sohn studiert jetzt in Spanien.
Kennst du unsere Nachbarin, deren Sohn jetzt in Spanien studiert?

1. Nun sehe ich den Freund. Auf seiner Facebookseite ist dein Foto erschienen.

____

2. Der Verdächtige erzählte dem Polizisten eine Geschichte. Ihr Ende war unglaublich.

____

3. Wo leben die Leute? Wir lernen jetzt ihre Sprache.

____

4. Katharina ist eine Freundin von mir. Ihr Auto wurde gestohlen.

____

5. Der Autor hält einen Vortrag. Seine Bücher haben wir alle gelesen.

____

6. Wann lebte die Künstlerin? Wir schauen uns gerade ihr Gemälde an.

____

D. Mehr Relativsätze. Schreiben Sie einen Relativsatz mit den Wörtern in Klammern.

BEISPIEL Habt ihr alles getan? (ihr / tun können)
Habt ihr alles getan, was ihr tun konntet?

1. Ich muss dir etwas erzählen. (dich / nicht freuen werden)

____

2. Manches hat uns erschreckt *(startled)*. (wir / in Frankfurt sehen)

____

3. Das Schlimmste kam zuerst. (ihr / passieren)

____

4. Sie lächelten die ganze Zeit. (mich / eigentlich stören)

____

5. Das Zweite hat er vergessen. (er / tun wollen)

____

6. Unser Professor gibt uns zu viele Hausaufgaben auf. (wir / nicht gut finden)

____

7. Aber dadurch lernen wir auch viel. (uns / gut tun)

____

8. Das Beste wäre eine Eins zu kriegen. (wir / machen können)

____

E. Auf Deutsch! Übersetzen Sie die Sätze. Verwenden Sie das Präteritum für die Vergangenheit.

1. He asked me whom I wanted to talk to.

____

2. I asked him who he was.

____

3. She wanted to know whose money we had used.

____

4. Whoever needs food I will help.

___

5. They didn't say where they had been or what they had done.

___

6. He won't say what he painted **(malen)** the picture with.

___

7. Do something we can be proud of (**stolz auf** + *acc.*). *(formal)*

___

F. **Wortschatz.** Ordnen Sie die Wörter in die passende Kategorie ein.

Auto	**Kirche**	**Rathaus**	**Schraubenzieher**
Bett	**LKW (Lastkraftwagen)**	**Regal**	**Stuhl**
Hammer	**Motorrad**	**Säge**	**Tisch**
Haus	**PKW (Personenkraftwagen)**	**Schraubenschlüssel**	**Wolkenkratzer**

Fahrzeuge: ___

___

Gebäude: ___

___

Möbel: ___

___

Werkzeuge: ___

___

NAME ______________________________ DATUM ______________

19

Questions and interrogatives

A. Wer? Was? Wo? Wann? Stellen Sie Fragen zu den Sätzen.

BEISPIEL Tim ruft heute Abend **Peter** an.
Wen ruft Tim (er) heute Abend an?

1. Sara schenkt **ihrer Kusine** eine CD.

____

2. Ich habe ihn gefragt, **ob er mitkommen wollte.** *(you, formal)*

____

3. Wir haben **Jessicas** Sonnenbrille gefunden! *(you, fam.)*

____

4. **Das Buch** liegt auf dem Regal.

____

5. Diese Armbanduhr gehörte **dem Verstorbenen.**

____

6. **Ein Mann** hat mich nach Hause gefahren. *(you, fam.)*

____

7. Renate hat **den Polizisten** nicht gesehen.

____

8. Wissen die Eltern, dass **ihr Kind** das Geld gestohlen hat?

____

B. Wie bitte? Bilden Sie Fragen mit **du.**

BEISPIEL Ich reise **mit meinem neuen Laptop.**
Womit reist du?

1. Ich möchte eine E-Mail **an meine Familie** schreiben.

____

2. Ich schreibe **witzige** E-Mails am liebsten.

____

3. Ohne **Netzanschluss** *(internet connection)* kann ich die E-Mails aber nicht abschicken.

____

4. Auf **dieser** Webseite habe ich mit ihm gechattet.

____

5. Ich warte erst **auf seine Antwort,** bevor ich ihm nochmal schreibe.

____

C. Sie sind aber neugierig! Vervollständigen Sie die Fragen mit **welch-** oder **was für (ein-).**

BEISPIEL _____*Welche*_____ Frau meinst du?
—Ich meine die da.

1. ______________ Fragen stellen die Studenten?
—Sie stellen schwere Fragen.
2. Mit ______________ Zug seid ihr gekommen?
—Mit dem späten Zug.
3. Bei ______________ Mannschaft spielt er?
—Bei einer guten.
4. ______________ Bücher haben Sie noch nicht gelesen?
—Nur diese hier.
5. An ______________ Freundin schreibst du?
—An eine alte.
6. Für ______________ Firma arbeitet er?
—Für eine große amerikanische Firma.
7. ______________ Haus kauft ihr?
—Das schöne Haus an der Ecke.
8. ______________ Geschäftsmann ist er?
—Ein ehrlicher *(honest).*

D. **Zuerst die Antwort.** Bilden Sie Fragen mit einem passenden Adverb aus der Liste.

BEISPIEL Ja, ich weiß, dass der nächste Bus **um eins** kommt. *(you, formal)*
Wissen Sie, wann der nächste Bus kommt?

wann	**wie**	**wo**
warum	**wie viel**	**woher**
wieso	**wie viele**	**wohin**

1. Wir fahren **in die Türkei.** *(you, fam.)*

 ____

2. Er kommt **aus den Vereinigten Staaten.**

 ____

3. Sie ist gekommen, **weil sie eingeladen wurde.**

 ____

4. Ich habe das Bild **mit Aquarellfarben** *(water colors)* gemalt. *(you, fam.)*

 ____

5. Es gibt nur **drei** solche Schlangen *(snakes)* in diesem Park.

 ____

6. Den Autoschlüssel findest du **in deiner Tasche.**

 ____

7. Es geht uns **gut.**

 ____

8. Paul und Max bezahlen **400,– Euro** Miete im Monat.

 ____

E. **Indirekt gefragt.** Ergänzen Sie die Sätze mit den Antworten aus **Übung B.**

BEISPIEL Julia möchte wissen...
Julia möchte wissen, womit du reist.

1. Leon hat gefragt,... (Satz Nr.1)

 ____

 ____

2. Lena will wissen,... (Satz Nr. 2)

 ____

 ____

3. Sophie möchte wissen,... (Satz Nr. 3)

____

____

4. David will nicht wissen,... (Satz Nr. 4)

____

____

5. Lea hat gefragt,... (Satz Nr. 5)

____

____

F. **Auf Deutsch!** Übersetzen Sie die Sätze.

1. Katharina asked me whether it will rain tomorrow. (Perfekt)

____

2. "You *(fam.)* don't like to go to the movies, do you?" "Oh yes, I do!"

____

3. Who are the people next to you *(fam.)*?

____

4. How many tests do you *(fam.)* have this week? And how much time do you have to study for **(lernen für)** them?

____

____

G. **Wortschatz.** Vervollständigen Sie die Sätze mit dem passenden Wort aus der Liste.

an·halten	**auf·hören**	**stehen bleiben**
auf·halten	**halten**	**stoppen**

1. Warum ____________ Sie mich hier so lange ____________?
2. Dieser Zug ____________ in jedem kleinen Dorf ____________.
3. Wir sind vorm Restaurant ____________.
4. ____________ du endlich ____________ mit dem Lachen?
5. Mein Auto ist heute Morgen plötzlich ____________.
6. Der Zollbeamte *(customs agent)* ____________ ein paar Einreisende *(arriving passengers)*, die aus dem Flugzeug kamen.

NAME ______________________________ DATUM ______________

20

Da-compounds • Uses of *es*

A. **Geantwortet!** Beantworten Sie die Fragen. Wenn möglich, ersetzen Sie die fett gedruckten Satzteile durch **da**-Konstruktionen.

BEISPIEL Denkt sie **an Nico?** (ja / immer) *Ja, sie denkt immer an ihn.*
Denkt sie **an die Prüfung?** (ja / immer) *Ja, sie denkt immer daran.*

1. Was halten Sie **vom Fernsehen?** (nicht viel)

____

2. Erzählt der Professor **von seinen vielen Afrikareisen?** (jeden Tag)

____

3. Willst du wissen, was man **mit dieser Maschine** macht? (nein / schon wissen)

____

4. Wie oft schreibt ihr **an eure Freundinnen?** (mindestens zweimal am Tag)

____

5. Warum versteht Willi einfach nicht, was man **gegen den Kapitalismus** haben kann? (weil / er / nichts ... haben)

____

6. Hast du wirklich eine Verabredung *(date)* **mit Laura?** (natürlich)

____

7. Wohin gehen wir **nach dem Film?** (in ein Café)

____

8. Ärgert er sich **über seine schlechte Note?** (ja / seit zwei Tagen)

____

9. Trinkst du wirklich Kaffee **ohne Zucker?** (ja, meistens)

____

10. Möchtet ihr hören, **wie ich das Spiel gestern gewonnen habe?** (nein / schon hören)

____

B. Anders gesagt. Schreiben Sie die Sätze mit **da**-Konstruktionen um.

BEISPIEL Kinder haben manchmal Angst vorm Alleinsein. (allein sein)
Kinder haben manchmal Angst davor, allein zu sein.

1. Maria träumt immer vom Reichtum *(riches).* (reich sein)

   ____

2. Meine Mitbewohner ärgern sich über mein schlechtes Benehmen *(behavior).* (dass / sich schlecht benehmen)

   ____

3. Sie warnt uns vorm Trinken. (zu viel trinken)

   ____

4. Frau Schnittler erzählt uns immer von ihrer Liebe zu Tieren. (wie / Tiere lieben)

   ____

5. Diese netten Leute sorgen für dein Wohlsein. (dass / gut gehen)

   ____

6. Die Frau hat ihn zum Verkauf seiner letzten Karte überredet. (verkaufen)

   ____

   ____

7. Ich bin von deiner Hilfsbereitschaft ausgegangen. (dass / bereit sein zu helfen)

   ____

8. Sie freuen sich bestimmt auf unseren Besuch. (dass / bald besuchen)

   ____

C. Was gibt's? Beantworten Sie die Fragen. Verwenden Sie dazu folgende **es**-Ausdrücke:

a. *impersonal* **es** b. **es gibt** c. **es ist/sind**

BEISPIELE Wie ist das Wetter in Hamburg gewesen? (a. immer regnen)
Es hat immer geregnet.

Wo findet man ein chinesisches Restaurant? (b. in der Altstadt)
Es gibt ein chinesisches Restaurant in der Altstadt.

Haben wir Post bekommen? (c. zwei Pakete / kommen)
Es sind zwei Pakete gekommen.

1. Warum kauft ihr keine Ananas *(pineapple)*? (b. zu dieser Jahreszeit / keine)

   ____

2. Wie spät haben wir denn? (a. kurz nach zwei)

   ____

3. Wie fühlt er sich? (a. zur Zeit / gut gehen)

____

4. Sind schon Gäste gekommen? (c. schon drei / kommen [im Perfekt])

____

5. Spricht die Politikerin mit allen Einwohnern *(residents)*? (b. nein / zu viele)

____

6. Was hast du dazu zu sagen? (a. Leid tun)

____

7. Warum zieht sie sich einen Pullover an? (a. zu kalt sein)

____

D. Anders gesagt. Schreiben Sie die Sätze mit passenden **es**-Ausdrücken um.

BEISPIEL Dein Lachen freut mich. *Es freut mich, dass du lachst.*

1. Mein Basketballtrainer findet Sport wichtig. (man / Sport treiben)

____

2. Deutsch sprechen macht meinem Bruder Spaß. (*inf. with* **zu**)

____

3. Dass einige Studentinnen und Studenten nicht ohne iPod auskommen, ärgert ihn.

____

____

4. Unser Mitmachen *(participating)* hat alle Anwesenden *(those present)* gefreut.

____

____

5. Geschirr spülen *(washing dishes)* macht ihr keinen Spaß. *(inf. with* **zu***)*

____

6. Zwei Männer stehen an der Ecke vor deinem Haus.

____

7. Viele Leute glauben, dass unsere Regierung *(government)* oft nicht die Wahrheit sagt.

____

____

8. Jemand klopft an die Tür.

____

E. Auf Deutsch! Übersetzen Sie die Sätze mit Ausdrücken aus dem **Wortschatz**.

1. We are dealing with a crisis here.

____

2. What was the movie about?

____

3. What's the issue?

____

4. It's a question of who has more money.

____

5. The novel **(der Roman)** is about family.

____

6. We are talking about whether or not we should go.

____

F. Worüber? Worauf? Wovor? Bilden Sie Sätze. Verwenden Sie **da**-Konstruktionen wenn möglich.

BEISPIELE sie *(sing.)* / sich ärgern über / die Verspätung (Präsens)
Sie ärgert sich über die Verspätung.

sie *(sing.)* / sich ärgern über // er / sich verspäten (Perfekt)
Sie hat sich darüber geärgert, dass er sich verspätet hat.

1. er / Spinnen *(spiders)* / Angst haben vor (Präsens)

____

2. er / Angst haben vor // Spinnen / ins Bett kriechen (Präsens)

____

3. ich / sich vorbereiten auf / die Klausur (Präsens)

____

4. ich / sich vorbereiten auf // die Klausur / schreiben (Präsens)

____

NAME ______________________ DATUM ______________

21

Subjunctive II

A. Übung. Bilden Sie für jedes Verb **a. das Präteritum** und **b. den zweiten Konjunktiv.**

BEISPIEL kommen (ich, er) a. *ich kam, er kam* b. *ich käme, er käme*

1. wissen (wir, du) a. ______________________
   b. ______________________
2. leben (ihr, Sie) a. ______________________
   b. ______________________
3. haben (sie *sing.*, du) a. ______________________
   b. ______________________
4. tun (sie *pl.*, ich) a. ______________________
   b. ______________________
5. gehen (du, ihr) a. ______________________
   b. ______________________
6. sein (ich, wir) a. ______________________
   b. ______________________
7. kosten (es, sie *pl.*) a. ______________________
   b. ______________________
8. werden (ich, er) a. ______________________
   b. ______________________

B. In den Semesterferien. Schreiben Sie die Sätze in den zweiten Konjunktiv um.

BEISPIEL Wenn das Semester vorbei ist,...
Wenn das Semester (nur schon) vorbei wäre,...

1. ... dann müssen wir nicht so viel lernen.

____

2. Ich kann in Urlaub fahren.

____

3. Meine Freundin darf mitfahren.

____

4. Du wirst mir jeden Tag eine E-Mail schreiben.

____

5. Ihr wollt mit uns wandern gehen.

____

6. Alexander kann ein Boot mieten und angeln *(fish)*.

____

7. Anna wird nicht arbeiten.

____

8. Ich kann endlich ausschlafen!

____

C. Die langsame Bedienung *(service)*. Schreiben Sie die Sätze um; verwenden Sie die richtige Form von **würde** + Infinitiv.

BEISPIEL Wenn wir den ganzen Nachmittag hier sitzen, kommen wir zu spät an.
Wenn wir den ganzen Nachmittag hier sitzen würden, würden wir zu spät ankommen.

1. Vielleicht helfen uns die Anderen, wenn wir schreien.

____

2. Wenn ich diesen Teller auf den Boden werfe, kommt der Kellner gewiss.

____

3. Kauft ihr dieses Restaurant, wenn ihr die Lotterie gewinnt?

____

4. Nein, wir beginnen unsere Weltreise.

____

5. Ach, wenn Hanna nur ein anderes Restaurant empfiehlt!

____

6. Aber gehst du dahin, ohne es zu kennen?

____

7. Ich gehe bestimmt dahin, wenn die Bedienung schneller ist!

____

NAME ______________________________ DATUM ______________

D. Auf Deutsch! Übersetzen Sie die Sätze.

1. If only the rain would stop **(auf·hören)**!

____

2. Would you *(formal)* please repeat the last sentence?

____

3. We would like two sodas.

____

4. Would it be possible to use your *(formal)* restroom **(die Toilette)**?

____

5. Could you *(formal)* please tell me what time it is?

____

E. Wenn das Wörtchen *wenn* nicht wär' ... Reagieren Sie auf die folgenden Situationen.

BEISPIEL Ihre Gäste beklagen sich *(complain)*, dass sie Hunger haben. (wenn / ich / mehr Essen / kaufen)
Wenn ich (nur) mehr Essen gekauft hätte!

1. Emily ist mit zwanzig Stunden Verspätung *(delay)* angekommen. (wenn / sie *sing.* / mit der Lufthansa fliegen)

____

2. Sie haben sich in Spanien verfahren *(got lost)*. (wenn / ich / Spanisch lernen)

____

3. Sie haben kein Geld für eine Reise. (wenn / wir / mehr sparen [*save*])

____

4. Tim verpasste den Bus am Morgen der Prüfung. (wenn / er / früher auf·stehen)

____

5. Viktoria kann sich diese Wohnung nicht leisten. (wenn / sie / während der Ferien arbeiten)

____

F. ... wären wir alle Millionär! Schreiben Sie die Folgen *(consequences)* Ihrer Antworten von **Übung E.**

BEISPIEL (die Gäste / jetzt / satt [*full*] sein) ... (wenn / ich / mehr Essen kaufen)
Die Gäste wären jetzt satt, wenn ich mehr Essen gekauft hätte.

1. (wir / jetzt schon / zu Hause sein) ... (wenn / Emily / mit der Lufthansa fliegen)

____

2. (ich / jetzt / schon in Madrid sein) ... (wenn / ich / Spanisch lernen)

____

3. (wir / jetzt / nach Griechenland fahren können) ... (wenn / wir / mehr sparen)

____

4. (Tim / jetzt / nicht traurig sein) ... (wenn / er / früher auf·stehen)

____

5. (Viktoria / jetzt / ganz nah an der Uni wohnen) ... (wenn / sie / während der Ferien arbeiten)

____

G. Oder vielleicht auch nicht. Schreiben Sie weitere Folgen Ihrer Antworten in **Übung E.**

BEISPIEL (wenn / die Gäste / mehr Essen) ... (sie / sich nicht beklagen)
Wenn die Gäste mehr gegessen hätten, (dann) hätten sie sich nicht beklagt.

1. (wenn / Emily / nicht so spät an·kommen) ... (ich / sie / vom Flughafen ab·holen)

____

2. (wenn / ich / nicht so oft fehlen [*be absent*]) ... (meine Spanisch-Noten / besser sein)

____

3. (wenn / wir / das neue Auto / nicht kaufen) ... (wir / Geld / für eine Reise haben)

____

4. (wenn / Tim / nicht auf das Fest gehen) ... (er / mehr schlafen)

____

5. (wenn / Viktoria / auf das Praktikum bei Bosch verzichten [*to turn down*]) ... (sie / als Kellnerin arbeiten können)

____

H. Wortschatz. Vervollständigen Sie die Sätze mit einem passenden Verb aus der Liste.

sich auf·führen	**handeln**
sich benehmen	**tun**
sich verhalten	

1. ____________ dich nicht so unmöglich ____________!
2. Wenn sie so müde ist, kann sich meine kleine Schwester nicht gut ____________.
3. Felix ____________ so, als ob er immer Recht hat.
4. Wir können nicht ____________, bevor wir seine Antwort hören.
5. Wie ____________ er sich normalerweise in solchen Situationen?
6. Ihr solltet euch bei Oma gut ____________.

NAME ______________________ DATUM ______________

22

Indirect discourse • Subjunctive I

A. Verbformen. Bilden Sie den Konjunktiv I für die folgenden Verben.

BEISPIEL geben (er, es) a. *er gebe* b. *es gebe*

1. können (ich, sie *sing.*) a. ______________
   b. ______________
2. haben (er, es) a. ______________
   b. ______________
3. sein (wir, Sie) a. ______________
   b. ______________
4. wollen (ich, er) a. ______________
   b. ______________
5. werden (du, sie *sing.*) a. ______________
   b. ______________
6. müssen (ihr, ich) a. ______________
   b. ______________

B. Mehr Verbformen. Schreiben Sie den Indikativ, den Konjunktiv I und den Konjunktiv II für diese Verben.

	Indikativ	Konjunktiv I	Konjunktiv II
BEISPIEL sehen (ich)	*ich sehe*	*ich sehe*	*ich sähe*
1. geben (wir)	______	______	______
2. singen (Sie)	______	______	______
3. kaufen (sie *pl.*)	______	______	______
4. sehen (sie *sing.*)	______	______	______
5. laufen (ihr)	______	______	______
6. sagen (ich)	______	______	______
7. haben (du)	______	______	______
8. lernen (er)	______	______	______

C. Welche Verbform? Umkreisen Sie *(circle)* die Verbformen in **Übung B,** die Sie benutzen würden, um die Indirekte Rede zu bilden. Warum haben Sie diese Form gewählt? Schreiben Sie die zwei Gründe, die es gibt. (Zwei dieser Verben kann man entweder im Konjunktiv I oder im Konjunktiv II benutzen.)

1. ______________________________

____

2. ______________________________

____

D. Diebstahl! Schreiben Sie die Aussagen der folgenden Leute in die Indirekte Rede (Konjunktiv I) um.

BEISPIEL Max: „Jemand hat den frisch gebackenen Kuchen gestohlen!" *(to yell)*
Max schrie, dass jemand den frisch gebackenen Kuchen gestohlen habe.

1. Maria: „Ich habe den Kuchen vor fünf Minuten auf dem Tisch gesehen." *(to assure =* **versichern***)*

____

____

2. Paul: „Ich bin es nicht gewesen. Ich esse keinen Kuchen." *(to swear =* **beteuern***)*

____

3. Lena: „Ich bin den ganzen Nachmittag in meinem Zimmer gewesen." *(to emphasize =* **betonen***)*

____

4. Ich: „Wann bist du nach Hause gekommen, Max?" *(to ask)*

____

5. Maria und Paul: „Max hat auch immer Hunger!" *(to inform =* **mit·teilen***)*

____

6. Max: „Ich werde den Täter *(culprit)* finden, um meine Unschuld zu beweisen!" *(to reply)*

____

____

E. Auf Deutsch! Übersetzen Sie die Sätze. Verwenden Sie den Konjunktiv I, wenn möglich.

1. Long live the queen! ______________________________
2. Emily wanted to know who bought her kittens **(das Kätzchen, -).**

____

3. Niklas said that we should call him tomorrow.

____

4. Take three eggs and stir **(rühren)** them into the dough **(der Teig).**

____

5. Katharina told me that she would call tonight if she could, but her cell phone is out of order **(kaputt).**

____

Imperative mood • Commands

A. Verbformen. Bilden Sie die Imperative für die folgenden Verben.

BEISPIEL schreiben (du, Sie) a. *Schreib(e)* b. *Schreiben Sie*

1. laufen (ihr, du) a. ______ b. ______
2. geben (Sie, du) a. ______ b. ______
3. sein (du, wir) a. ______ b. ______
4. fragen (du, ihr) a. ______ b. ______
5. zahlen (wir, du) a. ______ b. ______
6. lesen (ihr, du) a. ______ b. ______
7. zu·hören (wir, ihr) a. ______ b. ______
8. auf·passen (ihr, Sie) a. ______ b. ______

B. Anders gesagt. Schreiben Sie die Sätze um, indem Sie das Imperativ bilden.

BEISPIEL Du darfst hier nicht anhalten! *Halt(e) hier nicht an!*

1. Du sollst deinen Laptop mitbringen.

______

2. Du fährst zu schnell!

______

3. Es ist wichtig, dass Sie ruhig sind.

____

4. Ihr sollt doch Deutsch miteinandersprechen.

____

5. Nun musst du die Rechnung zahlen.

____

6. Du musst atmen!

____

7. Ich hoffe, dass ihr eure Hausaufgaben nicht vergesst.

____

8. Es wäre besser, wenn Sie mir Ihre Aufmerksamkeit schenken würden.

____

C. Was passt am besten? Wählen Sie die passenden Partikeln.

BEISPIEL Ihr Mitbewohner nervt Sie. (lieber, doch)
„Hör ______doch______ auf!"

1. Ihre Freundin isst Schokolade. „Gib mir ______________ ein Stück!" (bitte, nur)
2. Ihr Freund kann sich nicht entscheiden, welche Farbe iPod zu kaufen. „Kauf ______________ den grünen." (mal, lieber)
3. Ihr Nachbar zieht nach Frankfurt um. „Schicke mir ______________ eine E-Mail wenn du Lust hast." (mal, lieber)
4. Ihre Freunde spielen laute Musik um zwei Uhr morgens. „Seid ______________ ruhig!" (doch, nur)
5. Sie wollen Ihrem Freund etwas zeigen. „Komm ______________ her!" (lieber, mal)
6. „Sollen wir ins Restaurant gehen?" „Essen wir ______________ zu Hause." (lieber, mal)

D. Ein bißchen netter ausgedrückt. Schreiben Sie die Sätze um, indem Sie ein Modalverb, den Konjunktiv oder die Fragestellung benutzen.

BEISPIELE Reiche mir bitte den Akku.
(Modalverb) *Kannst du mir bitte den Akku reichen?*
(Konjunktiv) *Würdest du mir bitte den Akku reichen?*
(Frage) *Reichst du mir bitte den Akku?*

1. Drücken Sie auf die Raute-Taste. (Frage)

____

2. Schalte die Video-Kamera doch aus. (Modalverb)

____

3. Lade die Fotos herunter. (Konjunktiv)

____

4. Zeigen Sie mir bitte die Webseite. (Modalverb)

____

5. Gib mir bitte meine MP3-Spieler zurück. (Frage)

____

6. Wähle doch die richtige Nummer! (Konjunktiv)

____

E. Übersetzen Sie die Sätze. Verwenden Sie das Infinitiv.

1. Please do not take pictures!

____

2. Do not feed **(füttern)** the animals!

____

3. Do not park here!

____

4. Keep the entrance **(die Einfahrt)** free!

____

Future tense • Future perfect tense

A. Der Besuch. Schreiben Sie die Sätze in das Futur um.

BEISPIEL Anna kommt um acht Uhr an.
Anna wird um acht Uhr ankommen.

1. Ich hole sie dann vom Bahnhof ab.

____

2. Fährst du mit zum Bahnhof?

____

3. Sie freut sich bestimmt uns zu sehen.

____

4. Danach kommen wir nach Hause zurück und trinken einen Kaffee.

____

5. Ich glaube, dass ihr Bruder Lukas anruft.

____

6. Dann will sie natürlich ihre Mutter im Krankenhaus besuchen.

____

7. Ich hoffe, dass ihr am Nachmittag zu uns kommen könnt.

____

B. Was machst du? Schreiben Sie die Sätze in der Zukunft, ohne das Futur zu bilden.

BEISPIEL Hallo, Elisabeth! Was wirst du machen? (heute Abend)
Hallo, Elisabeth! Was machst du heute Abend?

1. Ich werde ins Kino gehen. (um zwanzig Uhr)

____

2. Leonie, wirst du schwimmen gehen? (morgen Nachmittag)

____

3. Ich werde zu Verwandten in die Stadt fahren. (übermorgen)

____

4. Werdet ihr wirklich im Ausland studieren? (nächstes Jahr)

____

C. Es wird wohl ... Bilden Sie Sätze im zweiten Futur.

BEISPIEL tun (er; alles) *Er wird alles getan haben.*

1. verstehen (sie *pl.*; die Frage)

____

2. ab·fahren (der letzte Zug; wohl)

____

3. beginnen (die Vorlesung; ohne uns)

____

4. ein·kaufen gehen (ihr; heute Morgen)

____

5. schlafen (Tim; den ganzen Tag)

____

D. Auf Deutsch! Übersetzen Sie die Sätze ins zweite Futur.

BEISPIEL She has probably asked twenty times. *Sie wird wohl zwanzigmal gefragt haben.*

1. Grandma **(Oma)** probably gave you *(sing. fam.)* 10 euros.

____

2. They have probably already left for **(fahren nach)** Germany.

____

3. Your brother has probably received an A **(eine Eins)** on **(in)** the test.

____

4. The doctor *(m.)* has probably tried everything possible **(alles Mögliche).**

____

E. *Weitermachen, fortfahren, fortsetzen.* Setzen Sie die passende Form des richtigen Verbs ein.

1. Ich darf nicht einschlafen, sondern muss mit dem Lernen ______________.
2. Diese Übersetzung ist gut. ______________ so!
3. Nach der Pause hat der Professor die Vorlesung ______________.
4. Ich entschuldige mich für die Unterbrechung, ______________ Sie bitte ______________.

LAB MANUAL

Aufgaben zum Hörverständnis

NAME ______________________ DATUM ______________

1

Hörverständnis 1: *Wetten, dass ...?*

Herzlich willkommen zu der beliebten Fernsehsendung *Wetten, dass ...?* mit Thomas Gottschalk als Moderator und einem Pop-Sänger als Gast. Jeden Monat sind wir dabei in einer anderen Stadt – und heute kommt die Sendung zu Ihnen live aus Leipzig!

A. Hören Sie sich das Gespräch an und kreuzen Sie die Vokabeln an, die Sie dabei hören.

☐ willkommen	☐ Christine	☐ schaffen	☐ gefunden
☐ Leipzig	☐ Christiane	☐ Lied	☐ zweimal
☐ Beethoven	☐ auswendig *(by heart)*	☐ leid	☐ geblieben
☐ zu Hause	☐ ab·wechseln *(to take turns)*	☐ weinen	☐ wohnen
☐ Superstar	☐ auf·schreiben	☐ lieben	☐ unglaublich
☐ um·stellen	☐ Wort	☐ grausam *(cruel)*	☐ verboten
☐ vor·stellen	☐ schlafen	☐ traurig *(sad)*	☐ glauben

B. Schreiben Sie jetzt mit Vokabeln von **Aufgabe A** drei Aussagen über die Szene auf – entweder, was die Leute gesagt haben, oder einfach etwas darüber, was Sie interessant gefunden haben.

1. ____
2. ____
3. ____

C. Was ist die korrekte Reihenfolge für die Wörter in den folgenden Satzteilen? Schreiben Sie die Sätze genauso, wie Sie sie im Gespräch hören, und dann unterstreichen Sie das Subjekt in jedem Satzteil.

1. unser Stargast / wird / entscheiden / ob / sie / können / tun / es

   ____

2. ... dass / wir / können / auswendig / jedes Lied / von den Prinzen

   ____

3. ... dann / die Wette / ist / dass / ihr / müsst / küssen / euch

   ____

4. Natürlich / ein / Deutscher / hat / erfunden / *Wetten, dass ...*?

____

5. keiner / der / hat / je *(ever)* / gesehen / mich / hätte / geglaubt / es

____

Hörverständnis 2: *In den Sommerferien*

Martin und Sibylle sind Studenten an der Uni und sprechen über ihre Sommerferien – Sibylle will Martin erzählen, was ihre Familie im Sommer alles gemacht hat ... aber Martin hat Schwierigkeiten, alles richtig zu verstehen.

A. Hören Sie sich das Gespräch an. Während Sie zuhören, schreiben Sie für jede Person unten ein paar Notizen auf – wann sie/er reist, mit wem, wohin usw.

Der Bruder (Georg)

Die Eltern

Die Schwester (Dorothea)

Der Onkel (Manfred)

B. Nehmen Sie drei von diesen Leuten und schreiben Sie für jede Person einen Satz mit all diesen Informationen (wohin / wann / mit wem usw.).

1. _______________

2. _______________

3. _______________

Hörverständnis 1: *Beim Psychiater*

Herr Frennich – seine zwei Vornamen sind Fritz Oskar, also Fritz O. Frennich – na ja, Herr Frennich hat ein Problem. Schon seit Tagen schläft er nicht mehr; er kann sich also nicht konzentrieren und jetzt hat er Angst, dass er seinen Job verliert. Was soll er machen? Na klar: er besucht den berühmten *(famous)* Psychiater Dr. Siggi Froid.

A. Hören Sie sich das Gespräch zweimal an. Das erste Mal schreiben Sie einige Wörter von Froids Test auf. Das zweite Mal schreiben Sie Fritz' Antworten auf diese Wörter.

	Testwörter	Fritz' Antworten
1.	______________	______________
2.	______________	______________
3.	______________	______________
4.	______________	______________
5.	______________	______________
6.	______________	______________
7.	______________	______________
8.	______________	______________

B. Schreiben Sie mit der Information von **Aufgabe A** einige Sätze, die Dr. Froid vielleicht in sein Notizbuch geschrieben hat.

BEISPIEL Froid sagt: *sprechen*. Fritz sagt: *nur mit meiner Schwester.*
Froid schreibt also: *Er spricht nur mit seiner Schwester.*

1. ______________________________
2. ______________________________
3. ______________________________
4. ______________________________
5. ______________________________
6. ______________________________
7. ______________________________

Hörverständnis 2: *Inserate*

Viele Leute lernen sich durch die Zeitung kennen. In Deutschland ist es noch üblicher als in Amerika, einen Partner oder eine Partnerin durch ein Inserat zu suchen. Aber in beiden Ländern beschreibt man sich oft so, dass man kaum *(hardly)* wieder zu erkennen ist. Hören Sie zu, wie sich Anita und Axel zum ersten Mal sprechen.

A. Lesen Sie zuerst die Liste von Eigenschaften und Aktivitäten. Dann hören Sie das Telefongespräch zweimal an. Versuchen Sie das erste Mal, den Sinn des Gesprächs zu verstehen. Das zweite Mal kreuzen Sie an, ob das Wort in der Liste in Verbindung mit Axel oder mit Anita steht. Aber bitte aufpassen: Einige Wörter beschreiben vielleicht beide oder niemanden.

Vokabeln

das Inserat, -e personal ad in a newspaper
die Adria Adriatic Sea
reiselustig *(adj.)* eager to travel
unternehmungslustig enterprising
vielseitig multifaceted
die Begegnung encounter
anstrengend challenging, difficult
ausgeglichen well-rounded/balanced
zur Abwechslung for a change of pace
zum Ausgleich to achieve balance
der Großstadtstress stress of urban life
sich mit etwas aus·kennen to be familiar with something
kinderlieb fond of children
sich mit etwas beschäftigen to occupy oneself with something
sich großartig geben to show off, put on airs

Eigenschaften/Aktivitäten	Axel	Anita	niemand
reitet	☐	☐	☐
geht Windsurfing	☐	☐	☐
fotografiert	☐	☐	☐
Filmemacher(in)	☐	☐	☐
Designer(in)	☐	☐	☐
will heiraten	☐	☐	☐
reiselustig	☐	☐	☐
liebt Fremdsprachen	☐	☐	☐
romantisch	☐	☐	☐
Fotomodell	☐	☐	☐
sportlich	☐	☐	☐
Angeber(in) *(showoff)*	☐	☐	☐
will sich im Café treffen	☐	☐	☐
emigriert nach Italien	☐	☐	☐

NAME ______________________ DATUM ______________

Eigenschaften/Aktivitäten	Axel	Anita	niemand
liebt die Adria	☐	☐	☐
fährt Rad	☐	☐	☐
höchst intelligent	☐	☐	☐
geht barfuß am Strand	☐	☐	☐
sieht sich gern den Sonnenuntergang an	☐	☐	☐
liebt exotische Orte	☐	☐	☐

B. Werden sich Axel und Anita überhaupt treffen? Wenn schon, werden sie sich weiterhin noch so großartig geben, wie sie es anscheinend im Inserat getan haben? Geben Sie Gründe dafür oder dagegen an.

Hörverständnis 1: *Mal nach München*

Claudia ist letzte Woche zum allerersten Mal nach München gefahren. Sie hat sich sehr darauf gefreut und jetzt will sie ihrer Mutter erzählen, was alles passiert ist.

A. Zuerst lesen Sie die folgende Liste, dann hören Sie sich das Gespräch an und markieren die Partizipien, die Sie im Gespräch hören.

1. ☐ angerufen
2. ☐ geworden
3. ☐ gewollt
4. ☐ erzählt
5. ☐ gestellt
6. ☐ gesetzt
7. ☐ losgefahren
8. ☐ angekommen
9. ☐ gestanden
10. ☐ gelassen
11. ☐ genommen
12. ☐ gefahren
13. ☐ herumgelaufen
14. ☐ eingekauft
15. ☐ gesucht
16. ☐ gefragt
17. ☐ gefunden
18. ☐ gewesen
19. ☐ gegessen
20. ☐ getrunken
21. ☐ geblieben
22. ☐ verkauft
23. ☐ hineingegangen
24. ☐ gemacht
25. ☐ spazieren gegangen
26. ☐ gesehen
27. ☐ gesprochen
28. ☐ gekauft

B. Hören Sie sich das Gespräch noch einmal an; danach nehmen Sie einige von den Verben auf der Liste und schreiben Sie Aussagen im Perfekt über Claudias Besuch in München.

BEISPIEL Sie nehmen: *gesucht*. Im Gespräch hatte das mit „*Mittagessen*" und „*Restaurant*" zu tun.
Sie schreiben also: *Claudia hat zum Mittagessen ein gutes Restaurant gesucht.*

1. ____

____

2. ____

____

3. ____

____

4. ____

____

Hörverständnis 2: *Gerüchte (Rumors)*

Sophie erzählt ihrem Nachbarn Herrn Schwerhörig, was sie übers Wochenende gemacht hat. Er erzählt es seiner Nachbarin weiter, aber nicht ganz korrekt. Sie erzählt es noch einmal (aber auch nicht immer korrekt) einem jungen Mann, der Sophie kennt. Er ist so überrascht, dass er Sophie gleich anruft und ihr alles erzählt, was er über sie erfahren hat.

A. Hören Sie sich zuerst alle Gespräche an, nur um zu hören, was alle sagen. Dann hören Sie sich die Gespräche ein zweites Mal an und schreiben Sie ein paar kurze Notizen von den Fehlern *(mistakes)*, die die Leute machen.

1. Herr Schwerhörig hat falsch verstanden: ______________________________

____

____

____

____

____

2. Frau Wachsimohr hat falsch verstanden: ______________________________

____

____

____

____

____

B. Jetzt sind Sie daran. Was sagt Sophie zu Ralf, damit er die Wahrheit *(truth)* versteht? Schreiben Sie die richtige Version von Sophies Wochenende auf. Wenn es nötig ist, dürfen Sie sich die Gespräche noch einmal anhören.

____

____

____

____

____

____

____

____

____

____

NAME ______________________________ DATUM ________________

4

Hörverständnis: *Artikel oder kein Artikel, das ist die Frage*

Oft gebraucht man die Artikel im Deutschen wie im Englischen – aber oft auch nicht. Manchmal sagt man auf Englisch **ein,** wo man im Deutschen **das** sagt; manchmal braucht man auf Deutsch keinen Artikel, wo Englisch einen braucht.

A. Jetzt hören Sie fünf Mini-Gespräche. Hören Sie gut zu, lesen Sie die Substantive unten für jedes Gespräch und schreiben Sie den Artikel, den Sie davor hören, auf. Wenn es keinen Artikel davor gibt, schreiben Sie ein **X**. (**Aufpassen**: Für einige Substantive gibt es zwei mögliche Antworten.)

Vokabeln

der Typ *here:* guy *(slang)*
der Wahnsinn craziness
ironisch sarcastic
'runterputzen to ridicule, demean
verschieden different
nuscheln to mumble

BEISPIEL Sie lesen „______________ Flöte".
Sie hören im Gespräch; „Aber ich kann doch Flöte spielen."
Schreiben Sie also: „_____X_____ Flöte".

Gespräch 1: *Ein Interview zur Bewerbung beim Außendienst* (foreign service)

a. ______________ Universität
b. ______________ Islam
c. ______________ / ______________ Schweiz
d. ______________ USA
e. ______________ / ______________ Iran

Gespräch 2: *Kommst du mit ins Kino?*

a. ______________ / ______________ Katrin
b. ______________ Bus
c. ______________ Abendessen
d. ______________ Klaus
e. ______________ Arbeit

Gespräch 3: *Ja, aber können Sie gut spielen?*

a. ______________ Geige

b. ______________ Klavier

c. ______________ Schule

d. ______________ Garage

e. ______________ Gitarre

Gespräch 4: *Und wie ist es bei dir?*

a. ______________ / ______________ / ______________ Eltern

b. ______________ Vater

c. ______________ Beamter

d. ______________ Urlaub

e. ______________ Hund

Gespräch 5: *O je, dieser Professor!*

a. ______________ Typ

b. ______________ / ______________ Professoren

c. ______________ / ______________ Bücher

d. ______________ Student

e. ______________ Uni

B. Hören Sie sich die Gespräche noch einmal an und markieren Sie die Sätze unten als richtig oder falsch.

	richtig	falsch
1. Beate interessiert sich sehr für den Nahen Osten.	☐	☐
2. Zuerst ist Beate für die USA, dann aber dagegen.	☐	☐
3. Wenn Markus Überstunden macht, muss er mit seinem Auto nach Hause fahren.	☐	☐
4. Der junge Musiker spricht von vier Instrumenten, die er spielen kann.	☐	☐
5. Dieser Musiker spielt seit zwei Jahren Trompete.	☐	☐
6. Beide Studenten in *Gespräch 4* sind neu an der Uni.	☐	☐
7. Der Student kennt den Bruder der Studentin.	☐	☐
8. Gabis Professor für Althochdeutsch ist vielleicht intelligent, aber seine Einstellung *(attitude)* gefällt ihr nicht.	☐	☐

NAME ______________________ DATUM ______________

5

Hörverständnis: *Was haben sie denn gesagt?*

Sie hören fünf kurze Szenen – manchmal mit zwei Leuten, manchmal nur mit einer Person. Bevor Sie sich jede Szene anhören, lesen Sie die Fragen hier dafür. Dann hören Sie sich die Szene an. Wenn die Szene zu Ende ist, stoppen Sie die Aufnahme *(pause the recording)*. Antworten Sie auf die Fragen für die Szene und dann beginnen Sie mit der nächsten.

Szene A

1. Schreiben Sie diese Sätze vom Gespräch fertig.

   a. Manni fehlt ______________ ganz dringend *(desperately)* ______________ Geld!

   b. ______________ fehlt es ja auch ______________ Geld, aber ich ...

   c. ... , dann passiert ______________ was Schreckliches!

   d. Das nützt mir ______________.

2. Richtig oder falsch?

   _____ a. Der Vater von Lola kennt Manni nicht.

   _____ b. Die andere Frau im Gespräch will auch etwas Geld von Lolas Vater.

   _____ c. Lola ist dankbar für alles, was ihr der Vater geben kann, egal *(regardless of)* wie viel.

Szene B

1. Eine von den Frauen, die hier sprechen, hat _____ a. vier Kinder. _____ b. zwei Kinder.

2. „Es ist mir eingefallen." =

   _____ a. Ich habe mich gerade daran erinnert.

   _____ b. Ich habe es gerade vergessen.

   _____ c. Ich habe es fallen lassen.

3. Welche vier Dativverben hören Sie hier im Gespräch?

   _____ a. genügen

   _____ b. passen

   _____ c. raten

   _____ d. gehorchen

   _____ e. nutzen

   _____ f. ähneln

   _____ g. schaden

   _____ h. schmeicheln

   _____ i. imponieren

Szene C

1. Mit wem hat Max gerade vor einem Büro gesprochen? _____ a. mit Klaus _____ b. mit Hans

2. „Dem bin ich begegnet." = _____ a. Ich habe ihn von weitem *(from far away)* gesehen.
   _____ b. Ich habe ihn getroffen *(met)*.
   _____ c. Ich hatte etwas gegen ihn.

Szene D

1. „Sie hat mir widersprochen." = _____ a. Sie hat etwas gegen meine Aussage gesagt.
   _____ b. Sie hat noch einmal gesagt, was ich gesagt habe.
   _____ c. Sie hat alles falsch gesagt, was sie sagen wollte.

2. Schreiben Sie einen Satz aus dieser Szene, in dem Sie das Wort **passieren** benutzen.

   ____

   ____

Szene E

1. „Es ist mir gelungen." = _____ a. Es ist problematisch.
   _____ b. Ich bin noch nicht fertig.
   _____ c. Ich habe es erfolgreich *(successfully)* gemacht.

2. Markieren Sie (X) das Element bei jedem Paar, das Sie im Gespräch mit dem ersten Wort oder der ersten Wortgruppe hören.

   a. großes _____ Küche
      _____ Wohnzimmer

   b. Ich habe ... geraten _____ Ihnen
      _____ Sie

   c. neben _____ die Küche
      _____ der Küche

   d. entspricht _____ meine Wünsche
      _____ meinen Wünschen

NAME ______________________ DATUM ______________

6

Hörverständnis: *Präpositionen*

Sie hören jetzt Kombinationen von kurzen Sätzen – zuerst den Satz, den Sie unten finden, und dann drei andere. Unter *(Among)* diesen anderen Sätzen (**a, b** und **c**) gibt es nur einen Satz, der dieselbe Bedeutung wie der erste Satz hat. Markieren Sie den richtigen Buchstaben für diesen Satz. Sie hören Sätze **a, b** und **c** zweimal.

BEISPIEL Sie lesen und hören: „Das kleine Mädchen macht für die alte Frau die Tür auf."
Sie hören:

a. Der alten Frau hat das kleine Mädchen die Tür aufgemacht.
b. Vor der alten Frau hat das kleine Mädchen die Tür aufgemacht.
c. Vor dem kleinen Mädchen hat die alte Frau die Tür aufgemacht.

Sie wissen, dass **für** hier fast identisch mit dem Dativ ist, also markieren Sie **a.**

	a	b	c
BEISPIEL	☒	☐	☐
1. Die Kaffeemaschine ist leider außer Betrieb.	☐	☐	☐
2. Michael sagte, er bleibt wegen seiner Arbeit in der Bibliothek.	☐	☐	☐
3. Meine Freunde bleiben bis nächsten Dienstag bei uns.	☐	☐	☐
4. Der Mann war gegen drei Uhr im Geschäft.	☐	☐	☐
5. Karl ist vor uns gelaufen.	☐	☐	☐
6. Außer ihm saßen nur drei Leute im Restaurant.	☐	☐	☐
7. Der Bank gegenüber findet man ein interessantes Museum.	☐	☐	☐
8. Heute esse ich zu Mittag bei Ralf.	☐	☐	☐
9. Trotz des Eintrittspreises gehe ich mit ins Kino.	☐	☐	☐
10. Im Sommer fahren wir mit einer Gruppe nach Deutschland.	☐	☐	☐
11. Sie gingen nach dem Konzert zu Fuß durch die Stadt.	☐	☐	☐
12. Dem Chef nach geht es der Firma gut.	☐	☐	☐
13. Diese Frau ist schon seit zehn Jahren Pilotin.	☐	☐	☐
14. Er ist schon seit gestern bei uns zu Hause.	☐	☐	☐
15. Die Familie Borchert ist vorgestern von Heidelberg gekommen.	☐	☐	☐
16. *Die Physiker* ist ein Drama von Friedrich Dürrenmatt.	☐	☐	☐

NAME ______________________ DATUM ______________

7

Hörverständnis 1: *Alles für die Liebe*

Markus und Dorothea sind seit sieben Monaten in einander verliebt – oder so haben sie zumindest gedacht. Seit den letzten paar Wochen aber sieht die Beziehung *(relationship)* nicht mehr so rosig aus. Eines Tages beginnt ein langes Gespräch für die beiden.

A. Lesen Sie zuerst diese Liste von Negationsvokabeln unten, dann hören Sie sich das Gespräch an. Kreuzen Sie die Vokabeln an, die Sie im Gespräch hören.

Vokabeln

klamüsern to sort out; *here:* to explain in detail, bit by bit
schweigsam quiet; *here:* unresponsive
etwas aufs Tapet bringen to bring something out into the open
'rum·moppern *(slang)* to gripe, grumble

1. _____ nicht
2. _____ nicht mehr
3. _____ ich nicht
4. _____ überhaupt nicht
5. _____ lieber nicht
6. _____ niemals
7. _____ kein-
8. _____ nirgends
9. _____ ich ... auch nicht
10. _____ gar nicht
11. _____ kein- ... mehr
12. _____ gar kein-
13. _____ nie
14. _____ noch nicht
15. _____ nicht einmal
16. _____ keinesfalls
17. _____ niemand
18. _____ überhaupt nichts

B. Stellen Sie sich vor *(Imagine)*, Markus und Dorothea gehen jetzt nach Hause und setzen sich allein an einen Tisch. Die beiden schreiben eine Liste von ihren Beschwerden *(complaints)* auf, wie in dem Gespräch. Hören Sie sich das Gespräch noch einmal an und schreiben Sie unten auf, was Markus oder Dorothea auf seine oder ihre Liste schreibt. Schreiben Sie mindestens fünf Beschwerden auf. Verwenden Sie **nicht, kein-** oder andere Negationsvokabeln.

1. ____

____

2. ____

____

3. ____

____

4. ____

____

5. ____

____

Hörverständnis 2: *Urlaubspläne*

Frau Hubner will Urlaubspläne für ihre Familie machen und telefoniert mit einem Reisebüro. Sie ist aber nicht nur wählerisch, sondern auch sehr vorsichtig mit ihrem Geld. Daher hat sie Schwierigkeiten, das richtige Angebot zu finden.

A. Lesen Sie zuerst die Aussagen. Hören Sie sich dann das Gespräch zweimal an. Versuchen Sie das erste Mal den Sinn des Gesprächs zu verstehen. Das zweite Mal kreuzen Sie an, ob **Herr Schmidt** oder **Frau Hubner** die Aussage gemacht hat.

		Schmidt	Hubner
1.	Mich interessieren also **nicht nur** die Billigflüge für Familien.	☐	☐
2.	Gibt es denn **keine** günstigen Flüge nach Marokko?	☐	☐
3.	Das kann ich mir ja **gar nicht** vorstellen!	☐	☐
4.	Da ist **kein** Programm mit dabei.	☐	☐
5.	... denn die günstigen Tarife gibt es wahrscheinlich **nicht** viel länger.	☐	☐
6.	**Nee,** meine Kinder sind fünfzehn und elf.	☐	☐
7.	Aber Verpflegung ist dabei, na also, **nicht** so wie bei den Familienflügen?	☐	☐
8.	**Nee nee nee** – ich sprech' **nicht** vom Flug, ich sprech' vom Hotel.	☐	☐
9.	Die gibt es **nicht** nach Marokko.	☐	☐
10.	O Gott, **nein, b l o ß nicht.**	☐	☐
11.	Seitdem geh' ich **nie wieder** an Bord eines Schiffes.	☐	☐
12.	Das versteh' ich jetzt **überhaupt nicht.**	☐	☐
13.	Ja, aber eben **nicht** nach Marokko.	☐	☐
14.	Wieso kann man das **nicht** kombinieren?	☐	☐
15.	Ja, aber ich will ja auch **nicht** nach Disneyland oder in die Kanarischen Inseln buchen oder so.	☐	☐

B. Schreiben Sie in 3–4 Sätzen die Probleme auf, die Frau Hubner mit dem Angebot des Reisebüros hat. Benutzen Sie dabei mindestens vier verschiedene Negationsausdrücke (**nicht, kein, nicht nur, weder … noch** usw.) aus dem **Wortschatz** in diesem Kapitel.

____

____

NAME ______________________ DATUM ______________

8

Hörverständnis: *Geklaut!*

In der Nacht von Samstag auf Sonntag ist einer jungen Studentin in Berlin das Geld aus der Tasche gestohlen worden. Aber wie – und von wem? Hören Sie bei den Untersuchungsgesprächen zu, während fünf Leute ihre Geschichten erzählen – die Frau, die das Geld verloren hat, und vier Leute, die zu dieser Zeit mit ihr zusammen waren. Dann entscheiden Sie, wer wohl das Geld geklaut hat oder es klauen konnte.

Hören Sie gut zu, so oft Sie wollen. Sie können sich dabei für die Alibis Notizen *(notes)* machen, wenn Ihnen das eine Hilfe ist.

Vokabeln

gewiss *here:* particular
auf·passen + auf to pay attention to
achten + auf to pay attention to
fest·stellen to realize
einen Trinken gehen to go for a drink

enttäuschend disappointing
anschließend following/after that
zirka approximately

zwei andere Typen two other guys
'rumgestanden was standing around (with nothing to do)
sicherlich of course

die Menschenmenge crowds of people
sich unterhalten to engage in conversation, converse

die Krankenschwester nurse
eigentlich actually
verlassen to leave
'rauf·kommen to come up *(here:* to the apartment)

Notizen (pl.)

Nr. 1: ____

____

____

____

Nr. 2: ____

____

____

____

Nr. 3: ____

____

____

____

Nr. 4: ____

____

____

Nr. 5: ____

____

____

Was meinen Sie?

Nun haben Sie alles gehört. Was glauben Sie: Wer hat Margits Geld wohl geklaut? Hören Sie sich die Gespräche noch einmal an, wenn Sie wollen; denken Sie über die Alibis nach und finden Sie die Lücken dabei. Eine der fünf Personen erzählt nicht ganz die Wahrheit, das heißt, erzählt ein bisschen etwas anderes als die anderen vier Leute. Wenn Sie wissen, wer das ist, schreiben Sie die Antwort und Ihre Gründe dafür auf.

1. Wer hat das Geld gestohlen?

   ____

2. Was sind Ihre Gründe *(reasons)* für diese Entscheidung?

   ____

   ____

   ____

   ____

   ____

NAME ______________________ DATUM ______________

9

Hörverständnis 1: *Die Erbschaft*

Hartmut von Hinkelstein und Ursula von Hinkelstein sind Sohn und Tochter der sehr reichen Familie von Hinkelstein. Ihre Eltern sind gerade gestorben und jetzt bekommen die Kinder eine große Erbschaft *(inheritance)*. Heute also müssen die zwei Kinder entscheiden, wer was von dem Familienbesitz *(family possessions)* bekommt. Alles zu teilen *(divide)* ist aber nicht so einfach.

Hören Sie sich das Gespräch an und markieren Sie unten, wer was bekommt. Achten Sie dabei auf die Modalverben!

Vokabeln

kriegen bekommen
Mieze nickname for a cat

Gegenstand	Ursula	Hartmut	nicht sicher
Rolex-Uhr	☐	☐	☐
Haus in den Alpen	☐	☐	☐
Haus in Monte Carlo	☐	☐	☐
Goethe-Sofa	☐	☐	☐
Esstisch	☐	☐	☐
Jaguar	☐	☐	☐
Mercedes	☐	☐	☐
Tiffany-Lampe	☐	☐	☐
Vase vom Kaiser	☐	☐	☐
Picasso-Bild	☐	☐	☐
Bild von Elvis	☐	☐	☐
Shakespeare-Manuskripte	☐	☐	☐
Gutenberg-Bibel	☐	☐	☐
Katze	☐	☐	☐

Hörverständnis 2: *Gruppentherapie*

Kennen Sie **Gruppentherapie?** Viele Leute finden so was hilfreich, einige Leute machen sich lustig darüber *(make fun of it)*, aber fast alle haben irgendwie davon gehört. Nun, Gruppentherapie sollte „privat" sein, aber jetzt dürfen Sie sich ein Gespräch im Büro eines Psychologen anhören. Es sprechen hier vier Leute, also müssen Sie genau hinhören, damit Sie wissen, wer was sagt.

A. Hören Sie sich das Gespräch an. Unten finden Sie eine Liste von einigen Problemen, die diese Leute besprechen. Sprechen sie von einem Problem in der Vergangenheit oder von einem Problem, das sie jetzt noch haben?

	Problem	**damals**	**jetzt**
1.	Augen zumachen	☐	☐
2.	alle Telefone schnell beantworten	☐	☐
3.	im Wohnzimmer bleiben	☐	☐
4.	drei Wochen nicht spielen	☐	☐
5.	alles vom Teller aufessen	☐	☐
6.	Mutter weinen sehen	☐	☐
7.	nur alleine essen	☐	☐
8.	andere Leute verbessern	☐	☐

B. Hören Sie sich das Gespräch nochmal an. Wählen Sie *(Choose)* eine Person in der Gruppe und schreiben Sie ein paar Aussagen über die Probleme von ihm oder ihr. Verwenden Sie dabei so viele Modalverben, wie Sie können.

NAME ______________________ DATUM ______________

10

Hörverständnis 1: *Die Einladung*

Herr und Frau Bieske gehen auf eine Party, aber eigentlich haben sie gar keine Lust dazu. Jetzt sind sie unterwegs im Auto und sprechen über die Situation – aber leider nicht sehr liebevoll.

A. Hören Sie sich das Gespräch im Auto an. Dann entscheiden Sie, ob die Sätze unten richtig oder falsch sind.

	richtig	falsch
1. Herr Bieske will zur Party, aber Frau Bieske nicht.	☐	☐
2. Herr Bieske fährt das Auto.	☐	☐
3. Frau Bieske kennt die Leute auf der Party besser als Herr Bieske.	☐	☐
4. Sie sprechen über eine Party, die sie vor drei Wochen besucht haben.	☐	☐
5. Damals ist Herr Bieske nach Hause gefahren.	☐	☐
6. Herr und Frau Bieske sagen Frau Schönler, dass sie sich erkältet haben.	☐	☐

B. Hören Sie sich das Gespräch noch einmal an und finden Sie fünf Beispiele von Reflexivverben. Schreiben Sie die Sätze vom Gespräch mit diesen Verben auf. Dann stoppen Sie die Aufnahme, während Sie schreiben.

BEISPIEL Sie hören „*sich amüsieren*" in einem Satz, also schreiben Sie den Satz aus dem Gespräch: „*Du wirst dich heute Abend amüsieren.*"

1. ______________________________
2. ______________________________
3. ______________________________
4. ______________________________
5. ______________________________

Hörverständnis 2: *Das Jobinterview*

Gerhard Eißler will einen Job – sofort *(immediately)*! Er hat eine Anzeige *(advertisement)* in der Zeitung gelesen, seinen Lebenslauf *(résumé)* hingeschickt und heute ist er beim Interview.

A. Zuerst lesen Sie die Liste von dem, was der Firma wichtig ist. Dann hören Sie sich das Interview an und markieren Sie, welche von diesen Eigenschaften *(qualities)* Gerhard hat.

1. _____ kommt aus Norddeutschland
2. _____ kann sich schnell anpassen
3. _____ hat studiert
4. _____ stabil (bleibt lange bei einer Firma)
5. _____ hat Computer gern
6. _____ könnte in Berlin wohnen
7. _____ fliegt gern
8. _____ enthusiastisch
9. _____ arbeitet gern und lang
10. _____ will viel reisen
11. _____ hat gute Referenzen
12. _____ kann schnell eine Entscheidung treffen
13. _____ weiß viel über Technik
14. _____ hat eine Frau und Kinder
15. _____ hat Spaß
16. _____ realistisch

B. Hören Sie noch einmal zu und entscheiden Sie: Wenn Sie die Frau wären, würden Sie Gerhard den Job geben oder nicht? Und Ihre Gründe dafür?

Ihm den Job geben: _____ Ihm den Job *nicht* geben: _____

Ihre Gründe *(reasons)*: ____

____

____

____

____

____

____

____

____

____

____

____

____

____

____

____

____

____

NAME ______________________________ DATUM ______________

11

Hörverständnis: *Ein kleiner Krimi*

Es war ein warmer Sommerabend. Simone Müller war allein im Haus, da kam ein Dieb *(thief)* mit einem Messer. Aber hier ist nicht die Frage, *wer* es gemacht hat, sondern *wie* Simone später davon erzählt.

A. Hören Sie jetzt zu, während Simone mit einem Polizisten darüber spricht, und markieren Sie, welche Verbformen Sie hören. Ist das Verb mit **zu** oder ohne **zu,** mit Doppelinfinitiv oder mit Partizip?

Was hat die Frau gesagt?

1. _____ a. aufzumachen
   _____ b. aufgemacht
2. _____ a. vorbeizukommen
   _____ b. vorbeigekommen
3. _____ a. vorbeifahren
   _____ b. vorbeizufahren
4. _____ a. angehalten
   _____ b. anhalten
5. _____ a. die Polizei anzurufen
   _____ b. die Polizei angerufen
6. _____ a. alle Lichter auszumachen
   _____ b. alle Lichter ausmachen
7. _____ a. zu meinem Haus ... sehen
   _____ b. zu meinem Haus ... gesehen
8. _____ a. sein Gesicht zu sehen
   _____ b. sein Gesicht gesehen
9. _____ a. zum Telefon zu gehen
   _____ b. zum Telefon gehen
10. _____ a. die Polizei ... gelassen
    _____ b. die Polizei ... lassen

B. Jetzt wissen Sie, was diese arme Frau alles erlebt hat. Aber glauben Sie ihr? Mindestens dreimal hat sie sich in ihrer Aussage widersprochen *(contradicted)*. Können Sie drei Widersprüche finden?

1. ______________________________

____

____

____

2. ______________________________

____

____

____

3. ______________________________

____

____

____

NAME ____________________ DATUM ____________

12

Hörverständnis 1: *Auf in den Urlaub!*

Die Familie Hertel plant schon seit Monaten eine Reise nach Marokko und heute sollte es losgehen. Die Fahrt zum Flughafen sollte in einigen Minuten beginnen, aber alles ist noch nicht fertig. Hier besprechen sie die Frage: Was muss noch getan werden?

A. Hören Sie dem Gespräch einmal zu, um alles zu verstehen. Dann hören Sie noch einmal zu und ergänzen Sie *(complete)* die Tabelle unten.

BEISPIEL Sie lesen „*Kaffeemaschine*".
Sie hören, dass die Kaffeemaschine schon abgeschaltet worden ist.
Also würden Sie „*Schon getan*" auf der Tabelle markieren.

Was?	Schon getan	Wird jetzt getan	Muss noch getan werden
Kaffeemaschine	☒	☐	☐
Garage/sauber machen	☐	☐	☐
Essen/Kühlschrank	☐	☐	☐
Pässe *(passports)*	☐	☐	☐
Sonnenbrillen	☐	☐	☐
Jacke	☐	☐	☐
Badeanzüge	☐	☐	☐
Fenster	☐	☐	☐
Licht im Keller	☐	☐	☐
Fernseher/Stereo	☐	☐	☐
Bad/Toilette	☐	☐	☐
Warnsystem	☐	☐	☐

B. Der Vater hat ein Problem mit den **Autoschlüsseln**, wie Sie gerade gehört haben, und drückt dieses Problem aus mit zwei Alternativen zum Passiv. Wie sagt er das?

1. ____________________

2. ____________________

C. Glücklicherweise hat der Vater die Autoschlüssel gefunden; „ ... die waren die ganze Zeit im Zündschloss!"
Raten Sie mal, was **Zündschloss** bedeutet: ____________________

Hörverständnis 2: *Nur nicht Passiv!*

Wie Sie im ***Handbuch*** gelesen haben, gibt es einige Alternativen zum Passiv. In dieser Aufgabe lesen Sie und hören Sie Sätze beider Art *(of both kinds)* – mit Passiv und mit den Alternativen dazu.

Lesen Sie jeden Satz unten. Für jeden Satz hören Sie dann drei Versionen vom Satz, mit oder ohne Passiv. Sie hören diese Versionen zweimal. Entscheiden Sie, welche Version die Information des geschriebenen Satzes am besten wiedergibt.

	a	b	c
1. Man schickte ihm den Brief schon vor einigen Tagen.	☐	☐	☐
2. Georg braucht etwas Hilfe.	☐	☐	☐
3. Darüber lässt sich später entscheiden.	☐	☐	☐
4. Hat man diese Autos in Amerika oder in Japan hergestellt?	☐	☐	☐
5. Man lässt diese Studentenheime renovieren.	☐	☐	☐
6. Es gibt heute Abend eine Feier *(celebration)*!	☐	☐	☐
7. Man sollte doch der Frau zu ihrem Erfolg *(success)* gratulieren.	☐	☐	☐
8. Bin ich aber froh, dass der Computer-Virus entdeckt worden ist!	☐	☐	☐

NAME ______________________ DATUM ______________

13

Hörverständnis 1: *Ein neues Haus*

Ein eigenes Haus – das ist der Traum von Herrn und Frau Schäl, denn sie haben jetzt so viele Möbel, dass sie mehr Platz brauchen als in der alten Wohnung. Heute sprechen sie darüber mit einer Maklerin *(real estate agent)*.

A. Hören Sie sich das Gespräch an. Sind die Aussagen über die neuen Häuser richtig oder falsch?

Vokabeln

der Reiz charm
riesig huge
der Flur hallway
die Nachbarschaft neighborhood
der Lärm noise
der Kamin fireplace
der Eintopf stew
der Stock floor

	richtig	falsch
1. Das erste Haus, das sie sehen, hat ein kleines Wohnzimmer.	☐	☐
2. In dem weißen Haus gibt es kein Esszimmer.	☐	☐
3. Die Nachbarschaft vom zweiten Haus ist ruhiger als die vom ersten.	☐	☐
4. Das zweite Haus ist ein ganz altes Haus mit einem Kamin.	☐	☐
5. Der Kamin gefällt Herrn Schäl nicht.	☐	☐
6. Das dritte Haus gefällt Frau Schäl besonders gut.	☐	☐
7. Das moderne Haus hat eine Garage für zwei Autos.	☐	☐

B. In diesem Gespräch haben Sie viele Adjektivaussagen gehört (z.B. **ein gemütliches Wohnzimmer**). Hören Sie jetzt wieder zu, finden Sie die Adjektive unten in dem Gespräch und schreiben Sie eine Phrase, in der Sie das Adjektiv gehört haben.

1. groß: ______________________
2. klein: ______________________
3. viel: ______________________
4. alt: ______________________
5. riesig: ______________________
6. teuer: ______________________

Hörverständnis 2: *L. L. Bohne*

Während der nächsten vier Minuten arbeiten Sie am Telefon bei einem Versandhaus *(catalog retailer)*. Einige Kunden *(customers)* werden Sie anrufen und alles bestellen, was sie aus dem Katalog wollen – Hemden, Hosen, Jacken, Socken, Schuhe, Pullover und natürlich kleine Messer aus der Schweiz.

A. Hören Sie zu und notieren Sie, was die einzelnen Kunden bestellen – mit Farbe, Anzahl *(number)* und Größe, natürlich.

Kunde 1: ____

____

____

Kunde 2: ____

____

____

Kunde 3: ____

____

____

Kunde 4: ____

____

____

Kunde 5: ____

____

____

B. Jetzt sind Sie fertig und die Firma will wissen, was Sie verkauft haben. Schreiben Sie die Information mit **viel-**, **einig-**, **ein-** oder **kein-**; schreiben Sie auch die richtigen Adjektive dazu.

BEISPIEL Pullover: *einige blaue Pullover*

Hemden: ____

Hosen: ____

Jacken: ____

Schuhe: ____

Socken: ____

Pullover: ____

Messer: ____

Hörverständnis 1: *Ach, die Liebe ...*

Beziehungen ... manchmal schön, manchmal schön stressig! Zwei Studenten, Klaus und Renate, sprechen darüber. Es ist nämlich so: Klaus dachte, es war alles in Ordnung zwischen ihm und Claudia, Renates Freundin. Jetzt aber weiß er nicht mehr, wie es aussieht. Er möchte mit Renate in einer Studentenkneipe darüber sprechen.

Lesen Sie zuerst die Fragen unten. Dann hören Sie sich das Gespräch an und markieren Sie die Antworten. (Wenn Sie die Vokabeln in **Übungen A** und **C** von Kapitel 14 im ***Handbuch*** noch nicht kennen, sollten Sie diese zuerst wiederholen.)

Vokabeln

zugewunken waved (at)
der Mut courage
sich wagen to dare
beschäftigt busy
d'rum therefore
ewig forever

1. Nachdem er Claudia zum ersten Mal gesehen hat, hat er sie sofort *(immediately)* angerufen, oder hat er nicht gewusst, was er machen sollte?

_____ a. sofort angerufen _____ b. nicht gewusst

2. Klaus spricht über ihre Spaziergänge im Stadtpark. Sagt er, dass sie das sehr selten, nur manchmal oder sehr oft gemacht haben?

_____ a. sehr selten _____ b. nur manchmal _____ c. sehr oft

3. Waren Klaus und Claudia in den ersten Wochen ihrer Beziehung sehr oft, relativ oft, oder nur manchmal zusammen?

_____ a. sehr oft _____ b. relativ oft _____ c. nur manchmal

4. „Bisher hab' ich gedacht, Mensch, das ist doch die Frau fürs Leben", sagt Klaus. Was meint er damit?

_____ a. Er dachte eine Weile, sie war die Frau fürs Leben, aber jetzt ist er nicht mehr so sicher.

_____ b. Klaus denkt schon seit dem Anfang und jetzt noch: das ist die Frau fürs Leben.

5. Er hat Claudia einmal mit Markus gesehen. War das vor einigen Tagen oder vor einem Monat?

_____ a. vor einigen Tagen

_____ b. vor einem Monat

6. Was sagt Klaus?

_____ a. Er hat auf Claudia und Markus in der Kneipe gewartet.

_____ b. Er hat nicht damit gerechnet, sie dort zu sehen.

_____ c. Er wollte sich mit den beiden dort in der Kneipe treffen.

Hörverständnis 2: *Wie ich den Mauerbau erlebt habe ...*

Alle Deutschen, die den Mauerfall 1989 erlebt haben, können sich bestimmt sehr gut an diesen Tag erinnern, und alle haben eine Geschichte zu erzählen, wie sie ihn erlebt haben. Seltener hört man jemanden davon berichten, wie es war, als die Mauer im Sommer 1961 in der Nacht vom 12. auf den 13. August gebaut wurde.

Hören Sie sich jetzt die Erinnerungen des Erzählers an. Passen Sie besonders auf die Adverbien auf, die die Reihenfolge der Aussagen in seiner Geschichte klarmachen. Dann ordnen Sie die Information unten nach der korrekten chronologischen Reihenfolge. Sie können die Geschichte so oft wiederholen, wie Sie wollen.

Vokabeln

der Bezirk area, district
außerhalb outside of
der Besitz property, possession
der Boden ground, property
der Lautsprecher loudspeaker
unbestimmte Zeit indefinitely
Verkehrsmöglichkeiten transportation options
alle Stunde once an hour
nichts tat sich nothing happened
völlig completely
umgeben to surround
Verbindungen connections
hermetisch abgeschlossen hermetically sealed off
es ist bei mir eingebrochen *(slang)* it finally hit me
die Ansage announcement

Ordnen Sie die Fakten der Geschichte chronologisch, mit 1, 2, 3 usw.

_____ a. Am Lautsprecher hörte er: „Bitte finden Sie andere Verkehrsmöglichkeiten ..."

_____ b. Das Konzert, auf dem er mit den Skifflebabys spielte, war fertig.

_____ c. Er wartete auf den Bus.

_____ d. Der Mauerbau um West Berlin war gerade fertig.

_____ e. Er fuhr mit der S-Bahn zur Station Westkreuz.

_____ f. Der Zug, in dem er saß, blieb auf einmal stehen.

_____ g. Er hatte wieder Kontakt mit seiner Freundin.

_____ h. Es ist ihm schließlich klar geworden: Berlin war hermetisch abgeschlossen.

_____ i. Er ging ins Bett.

__*1*__ j. Mit der S-Bahn ist er nach Spandau gefahren.

_____ k. Er wachte auf und machte das Radio an.

NAME ______________________________ DATUM ____________________

15

Hörverständnis 1: *Welcher E-Mail-Dienst ist der beste?*

Eine junge Frau möchte mit dem Mailen, also mit E-Mails anfangen und telefoniert mit GMX, einem bekannten deutschen E-Mail-Dienst. Mit der Angestellten von GMX spricht sie über verschiedene E-Mail-Angebote *(offers)* und vergleicht die Produkte von GMX.

A. Lesen Sie zuerst die Vokabeln, die zum Thema gehören, und die Fragen unten. Dann hören Sie sich das Gespräch an.

Vokabeln

Servicemöglichkeiten service options
sich da auskennen to be familiar with/be knowledgeable about a given topic
Serviceleistungen service offers
anschaffen to purchase, buy
die Speicherkapazität memory capacity
Stufen levels
günstig inexpensive
aufbewahren to save/keep
verzichten + auf to do without, forgo
ehrlich gesagt... to be honest with you . . .
auffallen to notice: **Das ist mir aufgefallen**
einen Typen treffen to meet a guy
die Visitenkarte business card
aufgehoben picked up
das gibt's ja nicht! that's amazing! I don't believe it!
zufällig by chance
was Sie nicht sagen you don't say

Welche der folgenden Komparativ- und Superlativformen verwenden die Frauen im Gespräch? Kreuzen Sie die Formen an, die Sie hier hören.

_____ größer	_____ eine größere Mailbox	_____ am schnellsten
_____ billiger	_____ ein kleinerer Computer	_____ langsamer
_____ mehr	_____ näher	_____ genauso schnell
_____ lauter	_____ früher	_____ nicht ganz so langsam
_____ besser	_____ am günstigsten	_____ teurer
_____ länger	_____ die meisten Leute	_____ der teuerste Plan
_____ weniger		

B. Hören Sie sich das Gespräch noch einmal an, wenn Sie wollen, aber diesmal nehmen Sie zwei der GMX-Produkte und machen Sie sich Notizen. Mit diesen Notizen vergleichen Sie die zwei Produkte. In Ihrem Vergleich müssen Sie mindestens zwei Komparativformen verwenden.

FreeMail: ____________________

____

____

TopMail: ____________________

____

____

ProMail: ____________________

____

____

Und nun Ihr Vergleich: ____________________

____

____

____

____

____

____

Hörverständnis 2: *Reaktionen*

Unten finden Sie zehn Aussagen oder Fragen. Sie hören jede Aussage oder Frage dreimal, jedes Mal mit einer anderen Reaktion. Entscheiden Sie, welche Reaktion am besten ist, und markieren Sie **a, b** oder **c.**

	a	b	c
1. Wir sollten doch wenigstens eine Karte schicken, oder?	☐	☐	☐
2. Spätestens um drei sind wir da, denke ich.	☐	☐	☐
3. Bei uns ist es im Winter viel kälter als bei euch.	☐	☐	☐
4. Ich habe nur Zeit zwischen drei und vier Uhr.	☐	☐	☐
5. Wir können höchstens zwei Tage in den Bergen wandern.	☐	☐	☐
6. Der Chef sagte, er wollte mit mir ein längeres Gespräch haben.	☐	☐	☐
7. Die allerbesten Filme kommen doch aus Hollywood, oder?	☐	☐	☐
8. Der Junge ist ja verrückt – er fährt sein neues Auto immer schneller!	☐	☐	☐
9. Was machst du denn in deinen Kursen? Ich hab' zweimal so viele Bücher gelesen wie du!	☐	☐	☐
10. Am liebsten möchte ich dieses Mädchen einfach vergessen.	☐	☐	☐

NAME ______________________ DATUM ______________

16

Hörverständnis 1: *Erweiterte Partizipialkonstruktionen*

Im Deutschen ist es üblicher als im Englischen, lange, komplizierte Sätze zu sprechen, besonders in einer Nachrichtensendung im Radio.

A. Zuerst hören Sie den komplizierten Satz, so wie er im Radio gesprochen wird. Dann hören Sie drei oder mehr Sätze, von denen nur einer die Bedeutung des Originalsatzes hat. Kreuzen Sie den richtigen Buchstaben an. Sie hören jeden Satz zweimal.

Vokabeln

die Unterstützung support
die Entwicklungshilfe foreign aid for developing countries
die Gewerkschaft trade union
Kürzungen cutbacks
Sozialleistungen social services
versteigern to auction

1. ____ a ____ b ____ c
2. ____ a ____ b ____ c
3. ____ a ____ b ____ c
4. ____ a ____ b ____ c
5. ____ a ____ b ____ c

B. Schreiben Sie für jeden Satz zwei einfachere Sätze ohne erweiterte Partizipialkonstruktion. Stoppen Sie die Aufnahme nach jedem Satz.

1. Helmut Kohl feierte die seit Adenauer längste Amtszeit.

____

____

2. Laut einem seit kurzer Zeit bestehenden Gesetz darf ein Kind nur noch einen Familiennamen haben.

____

____

3. Die Deutsche Bibliothek in Frankfurt hat die seit langer Zeit in New York ausgestellte Sammlung bekommen.

____

____

4. Die Bundesregierung will die seit Jahrzehnten vernachlässigten ostdeutschen Kulturstätten weiterhin unterstützen.

____

____

5. Die von Niederösterreich umgebene Hauptstadt Wien ist auch ein Bundesland.

____

____

Hörverständnis 2: *Was gibt's im Fernsehen?*

Herr und Frau Schmitz sitzen am Abend zu Hause, nur für sich allein. Aber was machen? Na klar: den Fernseher gleich anmachen und hinglotzen *(stare at)*. Welche Sendung aber? Das ist nicht so einfach.

Lesen Sie die Titel der Sendungen, die zu sehen sind. Dann hören Sie zu, während Herr und Frau Schmitz darüber sprechen. Welche Sendung passt zu den Details unten? Schreiben Sie den korrekten Buchstaben in die Lücke. Aber passen Sie auf: es gibt mehr Sendungen als Lücken. Sie können sich jede Beschreibung so oft anhören, wie Sie wollen.

Die Sendungen, über die Frau und Herr Schmitz sprechen, heißen so:

a. *Mach Platz auf der Bank*
b. *Frank ist 'raus*
c. *Nacht der lebendigen Toten*
d. *Hitparade*
e. *Drogen? – Nein, danke!*
f. *Sport am Montag*

1. _____ Man spricht mit einem Mann und mit einer Frau, die bald heiraten.
2. _____ Ein Mann – ein Krimineller – ist gegen den Mann, für den er früher gearbeitet hat.
3. _____ Ein Horrorfilm, in dem tote Menschen zurückkommen und andere Menschen auffressen *(devour)*.
4. _____ Ein Mann arbeitet zusammen mit einem Mann, den er gut kennt.
5. _____ Die Familie von Herrn Schmitz sieht diese Sendung sehr gern, wenn sie ihn besucht.

NAME ______________________________ DATUM ______________

17

Hörverständnis 1: *Im Möbelgeschäft*

Herr und Frau Schäl brauchen neue Möbel für ihr Haus. Sie gehen in ein großes Möbelgeschäft, um sich ein bisschen umzuschauen *(to look around)*. Manches gefällt ihnen, manches nicht und manches ist ihnen einfach zu teuer; darüber sprechen sie in diesem Dialog.

A. Bevor Sie sich das Gespräch anhören, lesen Sie zuerst die Sätze unten. Dann hören Sie sich das Gespräch an und markieren Sie die Sätze als richtig oder falsch.

		richtig	falsch
1.	Der Schreibtisch, den Frau Schäl sieht, steht neben einer großen Lampe.	☐	☐
2.	Die Familie Schäl hat ein Wohnzimmer mit nur einem Fenster.	☐	☐
3.	Herr Schäl findet den schwarzen Esstisch nicht schön.	☐	☐
4.	Herr Schäl ist froh, dass ihnen niemand vom Geschäft hilft.	☐	☐
5.	Frau Schäl möchte das Wohnzimmer einrichten.	☐	☐
6.	Herr Schäl will ein Picasso-Bild im Esszimmer haben.	☐	☐

B. Hören Sie sich das Gespräch noch einmal an, aber nur bis zu jedem Satz unten. Dann stoppen Sie die Aufnahme *(recording)* und schreiben Sie die Antwort auf.

1. „Welchen meinst du, **den** da drüben?"

   Den bezieht sich auf *(refers to)* ______________________________.

2. „Wir können **die** woanders hinstellen, oder?"

   Die bezieht sich auf ______________________________.

3. „Ich hab' **die gleiche** woanders gesehen, denke ich."

   Die gleiche bezieht sich auf ______________________________.

4. „Nein, ach, warum denn nicht? Find' **den** modern und schön."

   Den bezieht sich auf ______________________________.

5. „ ... wir können doch nicht **die** mit dem Sofa, das du magst ..."

   Die bezieht sich auf ______________________________.

Hörverständnis 2: *Ach, diese Ausländer*

Darren, ein junger Amerikaner, verbringt ein paar Wochen in Deutschland. Er ist froh, dass er endlich sein Deutsch ausprobieren *(try out)* kann, denn er lernt Deutsch schon seit zwei Semestern und er kann schon relativ viel. Aber leider, leider hat er noch nicht den **Wortschatz** von Kapitel 17 im ***Handbuch*** gelernt. Und so weiß er nicht, ob er **noch ein** oder **ein anderes** sagen soll.

Jetzt hören Sie vier kurze Dialoge. Hören Sie gut zu und entscheiden Sie, ob er alles richtig oder falsch gesagt oder verstanden hat. Wenn falsch, schreiben Sie die korrekte Version.

Situation 1: ***In der Konditorei*** **(pastry shop/café)**

____ richtig ____ falsch

Wenn es falsch war, was wäre richtig? ______________________________

____

Situation 2: ***Im Hotel am Meer*** **(ocean)**

____ richtig ____ falsch

Wenn es falsch war, was wäre richtig? ______________________________

____

Situation 3: ***Vor dem Kino***

____ richtig ____ falsch

Wenn es falsch war, was wäre richtig? ______________________________

____

Situation 4: ***Am Telefon***

____ richtig ____ falsch

Wenn es falsch war, was wäre richtig? ______________________________

____

Hörverständnis 1: *Fotos vom Urlaub*

Viele Leute fotografieren gern im Urlaub, was natürlich eine gute Idee ist, solange die Nachbarn und Freunde sich die Bilder nicht anschauen *müssen*. Leider sind nicht alle Urlauber so höflich. Wolfgang und Gertrud Bieske, zum Beispiel, die gerade von ihrer ersten Amerikareise zurückgekommen sind, haben ihre Nachbarn für den Abend eingeladen. Nach einem kleinen Essen holt Wolfgang den Projektor hervor, und die Nachbarn wissen nur zu gut, was kommt.

A. Lesen Sie die Liste von verschiedenen Dingen, die Herr und Frau Bieske *vielleicht* gesehen haben. Dann hören Sie dem Gespräch zu. Markieren Sie die Dinge, die sie *wirklich* gesehen haben.

_____ 1. Flughafen	_____ 6. Hotel	_____ 11. Bus
_____ 2. Flugzeug	_____ 7. Fernseher	_____ 12. „Indianer“
_____ 3. Taxifahrer	_____ 8. Autovermietung	_____ 13. Garage
_____ 4. Geschäftsmann	_____ 9. Kaufhaus in New York	_____ 14. Supermarkt
_____ 5. Polizist	_____ 10. ein zweites Auto	_____ 15. McDonald's

B. Hören Sie sich das Gespräch noch einmal an und achten Sie auf die Vokabeln, die Sie unten finden. Schreiben Sie für jedes Wort den Relativsatz, den Sie im Gespräch hören.

BEISPIEL Sie lesen: „die Frau“
Sie hören: „Da seht ihr die Frau, die uns im Flugzeug bedient hat ...“
Sie schreiben: *die Frau, die uns im Flugzeug bedient hat.*

1. das Flugzeug: ______________________
2. das Mittagessen: ______________________
3. die Fabriken: ______________________
4. der Polizist: ______________________
5. Leute: ______________________
6. das Erste: ______________________
7. das Beste: ______________________
8. die Frau: ______________________
9. alles: ______________________
10. Hotel: ______________________

Hörverständnis 2: *Relativ einfach*

Jetzt hören Sie acht ganz kurze Dialoge, die Relativsätze verwenden. Hören Sie sich jeden Dialog an und dann schreiben Sie die fehlenden *(missing)* Wörter in die Lücken. Dabei sollen Sie darauf achten, welche Relativpronomen verwendet werden und warum. Sie hören jeden Dialog zweimal.

1. A: Du, wie geht's mit dem Geschäft?

   B: Nicht gut: ______________________, ______________________ wir investiert haben, haben wir verloren.

2. A: Sie wollten mit mir sprechen?

   B: Ja, es gibt ______________________, ______________________ ich mit Ihnen reden muss.

3. A: Kennst du ihren Bruder?

   B: Meinst du ______________________, ______________________ sie immer erzählt?

4. A: Nee, also ... diesen Professor kann ich einfach nicht verstehen.

   B: Ich auch nicht. Ist doch schade, nicht? Denn ______________________, ______________________ wir letztes Semester hatten, war doch spitze.

5. ______________________ Passagier, ______________________ Koffer vor dem Lufthansa-Schalter gelassen wurde, wird zum Lufthansa-Büro gebeten, bitte.

6. A: Du, wie war der Abend mit Andreas?

   B: Ach, nicht schlecht. Aber weißt du, ich möchte ______________________ finden, ______________________ gern über Politik und solche Sachen diskutiert. Vom Fußball habe ich mehr als genug gehört.

7. A: Es war furchtbar laut in dem Restaurant heute Abend, oder?

   B: Also, wenn ich's sagen darf: ______________________, ______________________ Kinder sich so benehmen, sollten die Kleinen einfach zu Hause lassen.

8. A: Kommst du gut mit in deiner Mathe-Vorlesung?

   B: Es gibt ______________________, ______________________ ich verstehe, und ______________________, ______________________ ich halt nicht verstehe.

Hörverständnis: *Der Bankraub*

Als Herr und Frau Meier auf die Bank gegangen sind, haben sie bestimmt nicht mit einem Bankraub gerechnet! Aber genau das ist passiert: zwei wilde Menschen sind hereingelaufen und haben mit Pistolen das Geld von den Bankangestellten gefordert *(demanded)*. Ein paar Minuten, nachdem die zwei Räuber wieder hinausgelaufen sind, ist ein Polizist erschienen. Natürlich will er wissen, was passiert ist. Nun, Herr und Frau Meier haben alles gesehen – oder nicht? Denn das, was Herr Meier sagt, hat seine Frau ganz anders gesehen.

A. Hören Sie einmal nur zu, damit Sie die Geschichte gut verstehen. Dann hören Sie sich die Geschichte ein zweites Mal an und merken Sie sich besonders, wie der Polizist seine Fragen formuliert. Unten finden Sie ein paar Stichworte für seine Fragen. Finden Sie diese Fragen im Gespräch und schreiben Sie genau auf, wie der Polizist jede Frage *beginnt*. Sie können die Aufnahme stoppen, während Sie schreiben.

BEISPIEL Sie lesen: „die zwei / die Tür"
Sie hören: „Wie spät war es, als die zwei durch die Tür gekommen sind?"
Also schreiben Sie: *Wie spät war es?* oder einfach *Wie spät?*

1. alles gesehen: ______________________
2. Tür / gekommen: ______________________
3. kommen / jede Woche: ______________________
4. Menschen / beteiligt: ______________________
5. genau gesehen: ______________________
6. ausgesehen: ______________________
7. bewaffnet: ______________________
8. Hut: ______________________
9. Kleidung / getragen: ______________________
10. Auto / geflohen: ______________________
11. gedauert: ______________________
12. sonst noch was: ______________________

B. Hören Sie dem Gespräch wieder zu. Finden Sie dann zwei Beispiele, wo Frau und Herr Meier nicht dasselbe gesehen haben, und beschreiben Sie in Ihren eigenen Worten, was die Unterschiede *(differences)* sind.

1. ____

____

____

____

2. ____

____

____

____

Hörverständnis 1: *Der Stadtplan*

Manfred, der Mann von Gabi, ist diese Woche auf einer Geschäftsreise in Süddeutschland. Am Donnerstag ruft er Gabi an, um zu fragen, wie es ihr geht. Er erzählt von seiner Reise, besonders von der kleinen Stadt Reutlingen, wo er jetzt übernachtet, denn er findet diese Stadt besonders schön. Seine Erzählung ist aber nicht immer ganz richtig.

Zuerst sehen Sie sich den Stadtplan an, den Sie unten finden. Dann hören Sie sich das Gespräch zweimal an. Das erste Mal hören Sie nur zu. Das zweite Mal schreiben Sie die falschen Aussagen auf, die Manfred macht.

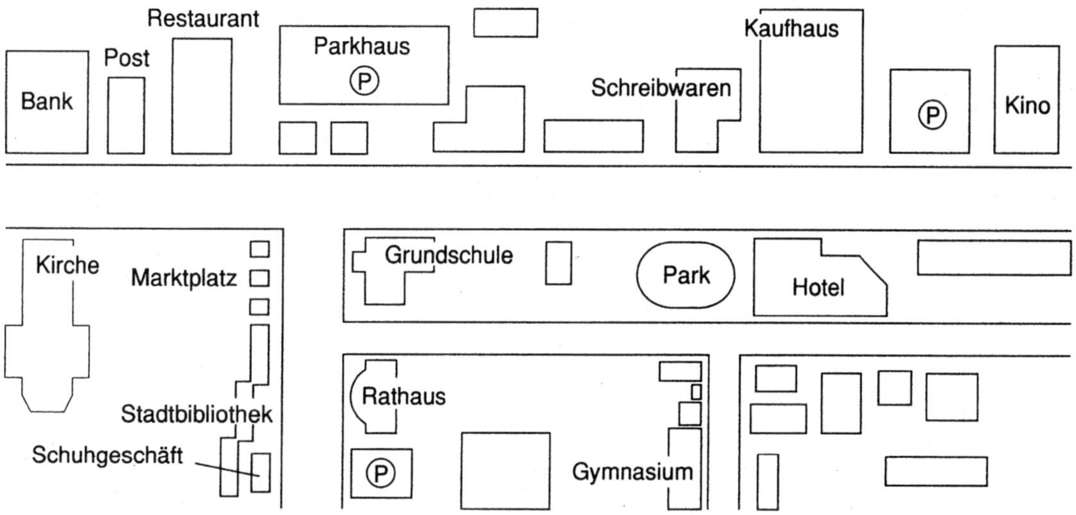

Was hat Manfred falsch gesagt?

1. ______________________________

2. ______________________________

3. ______________________________

4. ______________________________

5. ______________________________

Hörverständnis 2: *Ein Märchen*

Hören Sie gern Märchen *(fairy tales)*? Hoffentlich ja, denn jetzt *müssen* Sie sich eins anhören, ob Sie wollen oder nicht.

A. Hören Sie sich das Märchen an. Sind die Aussagen unten richtig oder falsch?

Vokabeln

die Hexe witch
die Genehmigung permission, license
der Zaun fence
aus Wut out of anger
Konservierungsmittel *(pl.)* (artificial) preservatives

	richtig	falsch
1. Der Vater der Kinder ist tot.	☐	☐
2. Im Wald hat es bis zu dem Tag viel geregnet.	☐	☐
3. Sie kommen am Spätnachmittag zum Zuckerhaus.	☐	☐
4. Den Zucker essen die Kinder nicht, sondern das Gemüse.	☐	☐
5. Die Hexe sagt, dass die Kinder bei ihr übernachten sollen.	☐	☐
6. Die Kinder stellen der Hexe viele Fragen und dann gehen sie hinein ins Haus.	☐	☐

B. Hören Sie sich das Märchen noch einmal an und markieren Sie die richtige Antwort.

1. Das Märchen beginnt:
   _____ a. „Es gab einmal ..."
   _____ b. „Es waren einmal ..."
2. Wenn die Hexe sagt: „Dazu bin ich ja da!", dann meint sie:
   _____ a. „Ich bin da, um ihnen etwas zu essen zu geben."
   _____ b. „Ich bin da, um zu dem Zuckerhaus zu gehen."
3. Wenn die Hexe sagt: „ ... und dabei bleibt es", dann meint sie:
   _____ a. „ ... und so wird es sein."
   _____ b. „ ... und es bleibt bei dem Haus."
4. Wenn das kleine Mädchen sagt: „ ... wir haben doch versprochen, ihr dabei zu helfen", dann bedeutet das:
   _____ a. „Wir werden Mutti helfen, wenn sie das Recycling macht."
   _____ b. „Wir werden neben Mutti stehen, wenn sie das Recycling macht."

NAME ______________________ DATUM ______________________

21

Hörverständnis 1: *Ach, das Studentenleben!*

Jürgen, ein Student in Heidelberg, ruft seinen Vater an. Warum? So wie viele Studenten braucht er mehr Geld von zu Hause.

In diesem Telefongespräch hören Sie nur den Vater, aber Sie können auch raten *(guess)*, was Jürgen sagt. Hören Sie gut zu, dann markieren Sie, ob die Aussagen unten richtig oder falsch sind. Sie dürfen so oft zuhören, wie Sie wollen.

		richtig	falsch
1.	Jürgens Vater hat auch in Heidelberg studiert.	☐	☐
2.	Jürgen arbeitet jetzt und verdient etwas Geld, aber er braucht noch mehr.	☐	☐
3.	Jürgen hat drei Vorlesungen an der Uni.	☐	☐
4.	Als der Vater Student war, hat er zehn bis fünfzehn Stunden in der Woche gearbeitet.	☐	☐
5.	Als er Student war, sagt der Vater, hatte er fast nichts zu essen gehabt.	☐	☐
6.	Jürgen hat einen Fernseher gekauft.	☐	☐
7.	Der Sohn hat auch ein Auto gekauft und sein Vater ist dagegen.	☐	☐
8.	Der Vater sagt, dass Jürgen alle vierzehn Tage um mehr Geld bittet.	☐	☐
9.	Der Vater möchte eine neue Wohnung finden.	☐	☐
10.	Der Vater denkt, dass er besser Englisch kann als sein Sohn.	☐	☐
11.	Der Vater hat mal in Kalifornien studiert.	☐	☐
12.	Jürgen meint, dass sein Vater keinen Spaß beim Studium verstehen kann.	☐	☐
13.	Der Vater wünschte, dass sein Sohn eine Reise nach Paris machen könnte, aber der Sohn hat nicht genug Geld dafür.	☐	☐
14.	Der Vater hat genug Geld für Jürgen bei sich zu Hause, sagt er.	☐	☐
15.	Der Vater hat positive Erinnerungen an seine Studienjahre in Heidelberg.	☐	☐

Hörverständnis 2: *Wie wär's mit dem Konjunktiv?*

Sie hören jetzt fünf kurze Dialoge, bei denen der Konjunktiv irgendeine Rolle spielt. Hören Sie zuerst zu, um die Gespräche zu verstehen, dann lesen Sie die Aussagen für jedes Gespräch. Hören Sie jedem Gespräch noch einmal zu und markieren Sie die beste Antwort für jede Frage.

1. _____ a. Christina geht zum Picknick.

   _____ b. Sie geht vielleicht zum Picknick.

   _____ c. Sie geht nicht zum Picknick.

2. _____ a. Christine geht zum Picknick.

   _____ b. Sie geht vielleicht zum Picknick.

   _____ c. Sie geht nicht zum Picknick.

3. _____ a. Die Frau war heute früher mit Prof. Schmitz zusammen.

   _____ b. Sie sieht Prof. Schmitz heute etwas später.

   _____ c. Sie hat von der Arbeit des Studenten heute morgen gewusst.

4. _____ a. Er gibt ihr die Arbeit nicht, obwohl sie Prof. Schmitz nicht mehr sieht.

   _____ b. Er hätte dem Professor seine Arbeit gestern geben sollen.

   _____ c. Er hätte dem Professor seine Arbeit gestern geben können.

5. _____ a. Der junge Mann hat nicht geweint.

   _____ b. Er denkt, er hat zu viel geweint.

   _____ c. Der junge Mann hat seiner Freundin gesagt, dass ihre Reaktion etwas extrem war.

NAME ______________________ DATUM ______________

22

Hörverständnis 1: *Direkt gesagt*

Bei indirekter Rede muss man aufpassen, dass die Information im Originalsatz treu *(faithfully)* wiedergegeben wird. In dieser Aufgabe lesen Sie den Originalsatz; dann aber müssen Sie entscheiden, welche Version von indirekter Rede diese Information am besten wiedergibt.

Lesen Sie zuerst die „direkte" Rede, während Sie den Satz hören. Dann hören Sie sich die drei indirekten Versionen an und markieren Sie die korrekte Indirekt-Form des Satzes. Sie hören alle Sätze zweimal.

	a	b	c
1. Angela wiederholte: „Ich will heute noch mit ihm sprechen."	☐	☐	☐
2. Alfred sagte: „Ich war mit ihr damals befreundet."	☐	☐	☐
3. Ralf fragte Inge: „Bist du denn mit der Mathe-Aufgabe fertig?"	☐	☐	☐
4. Der Lehrer meinte: „Sie erinnert mich an eine Figur aus der Antike."	☐	☐	☐
5. Weinend fragte mich das kleine Kind: „Haben Sie denn meine Mutti gesehen?"	☐	☐	☐
6. Die Leute beteuerten Alfred Ill: „Niemand will Sie töten!"	☐	☐	☐
7. Anna sagte uns am Montag: „Was für ein Wochenende! Ich fuhr mit Andreas in die Schweiz!"	☐	☐	☐

Hörverständnis 2: *Der Bürgermeister spricht*

Lesen Sie zuerst die Rede des Bürgermeisters (von Friedrich Dürrenmatts Theaterstück „Der Besuch der alten Dame“) unten. Dann hören Sie sich die Berichte darüber von drei verschiedenen Reportern an. Welcher Reporter hat die Rede des Bürgermeisters am besten wiedergegeben?

Die Tischrede des Bürgermeisters

„Sehr geehrte Damen und Herren, es freut mich außerordentlich, heute Abend hier in Ihrer Mitte zu sein, um mit Ihnen zusammen der Presse und der Weltöffentlichkeit die großzügige Stiftung von Frau Zachanassian bekannt zu geben *(announce)*. Sie schenkt uns eine Milliarde: 500 Millionen an die Stadt und 500 Millionen auf alle Familien der Stadt verteilt. Eine einmalige Schenkung, ein großartiges Experiment. Wie Sie wissen, will Frau Zachanassian durch diese Schenkung nur eines: sie will Gerechtigkeit *(justice)*. Wieso? Wir müssen es zugeben: Jahrelang haben wir in der Ungerechtigkeit gelebt, zum Teil wissend, zum Teil unwissend. Meine Damen und Herren, für uns ist dies ein entscheidender Moment. Wollen wir so weiterleben? Oder wollen wir Schluss machen mit dem, was wir jahrelang unter uns geduldet *(condoned, tolerated)* haben? Sie wissen alle, wovon ich rede. Und ich weiß, ich spreche im Namen der Stadt, im Namen unserer humanistischen Tradition, wenn ich sage: Keine Minute mehr wollen wir ungerecht leben! Wir wollen im Sinne der Nächstenliebe leben, nicht im Sinne der Heuchelei *(hypocrisy)*. Und daher entscheiden wir uns für die Gerechtigkeit! Es gibt kein Zurück, und es darf keins geben!

Wer hat die Rede korrekt wiedergegeben?

Reporter A _____

Reporter B _____

Reporter C _____

NAME ______________________ DATUM ______________

23

Hörverständnis: *Befehl ist Befehl*

Es gibt viele Situationen im Leben, wo man Befehle gibt und dazu den Imperativ braucht. Jetzt hören Sie sechs kurze Szenen, in denen jemand mit dem Imperativ spricht. Sie werden zwar nicht alles verstehen, aber genug, um die Situation und den Kontext zu erraten.

A. Hier müssen Sie nur feststellen, in welchen Situationen man diese Befehle gibt. Lesen Sie zuerst die Liste von Situationen unten. Dann hören Sie sich die Szenen an und schreiben Sie dabei **A, B, C, D, E** oder **F** in die richtige Lücke. **Aufpassen**: Es gibt mehr Lücken als Antworten! Sie können die Aufnahme *(recording)* stoppen, während Sie antworten.

1. ____ in einer Firma *(company)*
2. ____ kochen *(cooking)* lernen
3. ____ in einer Studentenwohngemeinschaft *(shared student housing)*
4. ____ beim Militär
5. ____ am Telefon mit einem Freund
6. ____ Auto fahren lernen
7. ____ Schnürsenkel binden lernen *(learning to tie shoelaces)*
8. ____ Klavier spielen lernen (**Klavier** = *piano)*
9. ____ Chorleitung *(choir directing)*
10. ____ eine Entführung *(kidnapping)*
11. ____ in der Kirche
12. ____ zu Hause mit einem Teenager

B. Lesen Sie zuerst die Beschreibungen unten und hören Sie sich die Monologe noch einmal an. Diesmal müssen Sie etwas präziser *(more precisely)* zuhören. Entscheiden Sie *(decide)*, wer mit wem spricht, und schreiben Sie die richtigen Buchstaben (**A** bis **F**) in die Lücken. **Noch einmal:** Es gibt mehr Lücken als Antworten!

1. ____ Chordirigentin *(choir director)* in einer Kirche
2. ____ Chordirigentin in einer Grundschule (1.–4. Klasse)
3. ____ Pastor zu seiner Gemeinde *(congregation)*
4. ____ Vater zu seiner kleinen Tochter (vielleicht 4 Jahre alt)
5. ____ Vater zu seinen beiden Teenagern
6. ____ Vater zu seinem Sohn (vielleicht 17 Jahre alt)

7. _____ Kochkurslehrerin zu einer Klasse von Erwachsenen *(adults)*

8. _____ Mutter zu ihrer Tochter in der Küche beim Kochen

9. _____ Mutter zu ihrer Tochter vor einer Party

10. _____ Studentin zu ihren Freunden in ihrer Wohnung

11. _____ Studentin zu zwei Arbeitern in ihrer Wohnung

12. _____ Fahrlehrer zu einem Lernenden im Auto

13. _____ Vater zu seinem Sohn, der gerade das Autofahren lernt

14. _____ Fahrlehrer zu einer Gruppe von Lernenden im Auto

NAME ______________________ DATUM ______________

24

Hörverständnis 1: *Das Klassentreffen*

Herr Becker und Frau Stich waren vor fünfundzwanzig Jahren zusammen auf dem Gymnasium. Heute gibt es ein großes Klassentreffen *(reunion)* für alle ehemaligen *(former)* Gymnasiasten und die zwei sind dabei. Jetzt sitzen sie in einer Ecke, trinken eine Tasse Kaffee und sprechen über die Leute, die sie damals gekannt haben. Viele sind heute nicht dabei. Was ist aus diesen alten Freunden geworden?

Hören Sie dem Gespräch zu. Dann lesen Sie die folgenden Sätze und entscheiden Sie, welche Information die Sprecher geben.

			Ist schon geschehen	Wird noch geschehen (1. Futur)	Wird wohl geschehen sein (2. Futur)
1.	Michael:	a. auf die Uni gehen	☐	☐	☐
		b. Professor werden	☐	☐	☐
2.	Bernhard:	a. Probleme haben	☐	☐	☐
		b. keine Arbeit finden	☐	☐	☐
		c. etwas allein machen	☐	☐	☐
3.	Georg:	a. viel Geld verdienen	☐	☐	☐
		b. ein Haus kaufen	☐	☐	☐
4.	Gertrud:	a. eine Galerie aufmachen	☐	☐	☐
		b. alle vom Gymnasium vergessen	☐	☐	☐
5.	Marianne:	a. Franz heiraten	☐	☐	☐
		b. Medizin studieren	☐	☐	☐
6.	Renate:	a. Kindergärtnerin werden	☐	☐	☐
		b. was anderes machen wollen	☐	☐	☐

Hörverständnis 2: *Bericht über das EU-Gipfeltreffen*

Sie hören einen Bericht über ein wichtiges Treffen der Europäischen Union.

A. Lesen Sie zuerst die Fragen unten durch. Hören Sie sich dann den Bericht mindestens zweimal an. Versuchen Sie das erste Mal, ihn dem Sinn nach zu verstehen. Beim zweiten Mal kreuzen Sie die richtige Antwort **a, b** oder **c** an.

Vokabeln

Mitgliedstaaten member countries
unter anderem among other things
vor allem particularly
im Hinblick + auf in view of
beitreten to join
etliche several
um einiges considerably, quite a bit
heftig intense
fortsetzen to continue
mithalten + mit to keep up with
der Fortschritt progress
der Vertreter representative
behaupten to claim, make a statement
verlieren to lose
erhöht heightened
das Gipfeltreffen summit meeting
tief greifend dramatic, drastic

1. Woher kommt dieser Bericht?

_____ a. Aus Deutschland.

_____ b. Aus Osteuropa.

_____ c. Aus Griechenland.

2. Ein Sprecher des Bundesamtes meint, in den nächsten 10 Jahren ...

_____ a. wird die EU zusammenbrechen *(collapse)*.

_____ b. wird Deutschland mehr Kriminalität haben.

_____ c. wird die EU größer.

3. Die Souveränität der einzelnen EU-Länder scheint ...

_____ a. kein Problem darzustellen.

_____ b. unwichtig zu sein.

_____ c. ein problematisches Thema zu sein.

4. Die Opposition meint, dass eine größere EU ...

_____ a. eine bessere Wirtschaft aber mehr Kriminalität bedeuten wird.

_____ b. eine schwächere Wirtschaft aber dafür weniger Kriminalität bedeuten wird.

_____ c. eine schwächere Wirtschaft und mehr Kriminalität haben würde.

5. Das Bundesamt will das Programm einer größeren EU ...

_____ a. fortsetzen.

_____ b. einstellen.

_____ c. aufgeben.

NAME ______________________ DATUM ______________

B. Identifizieren Sie die Person, die jeden Satz im Text ursprünglich sagte. Bei der Frage **Wer hat das gesagt?** schreiben Sie **R** für den Reporter, **B** für den Bundesamtssprecher oder **O** für die Opposition. Dann entscheiden Sie, ob der Satz im **1. Futur** oder **2. Futur** steht, und kreisen Sie das ein.

1. „Die Mitgliedstaaten der Europäischen Union werden sich nächste Woche in der griechischen Hauptstadt treffen."

   Wer hat das gesagt? __________

   Welche Futur-Form ist das? 1. Futur 2. Futur

2. „Nach Berichten aus Brüssel wird es noch etliche Jahre dauern, bis diese Länder in die Struktur der EU voll integriert sind. "

   Wer hat das gesagt? __________

   Welche Futur-Form ist das? 1. Futur 2. Futur

3. „Wenn Deutschland diesen Weg weitergeht, werden wir unsere Souveränität verlieren."

   Wer hat das gesagt? __________

   Welche Futur-Form ist das? 1. Futur 2. Futur

4. „Die Europäische Union ... wird in zehn Jahren bestimmt um einige Länder größer geworden sein."

   Wer hat das gesagt? __________

   Welche Futur-Form ist das? 1. Futur 2. Futur

5. „Und wie lange dauert es denn wirklich, bevor sich die neuen Länder werden integriert haben?"

   Wer hat das gesagt? __________

   Welche Futur-Form ist das? 1. Futur 2. Futur

6. „Dieses Gipfeltreffen wird wohl tief greifende Debatten auslösen."

   Wer hat das gesagt? __________

   Welche Futur-Form ist das? 1. Futur 2. Futur